아하 한글 받아쓰기

③

소리의 변화가 복잡한 말

틀리기 쉬운 글자부터
집중적으로!

의 한글 받아쓰기 책

왜 『아하 한글 받아쓰기』로 시작해야 할까요?

1 최영환 교수와 초등 교사가 함께 만든 3단계 한글 학습 프로그램!

『아하 한글 받아쓰기』는 한글 학습 분야 1위 저자인 최영환 교수와 초등학교 현장 교사가 함께 예비 초등학생과 초등학교 1학년 학생을 위해 개발한 체계적인 받아쓰기 프로그램이에요. 진단 평가부터 실전 받아쓰기까지 단계별로 받아쓰기 해결책을 제시하기 때문에 아이들이 쉽고 빠르게 받아쓰기를 완성할 수 있어요.

1단계 '진단 평가'에서는 본격적으로 받아쓰기를 공부하기에 앞서 자신의 현재 받아쓰기 실력이 어느 정도인지 확인해요. 2단계 '받아쓰기 연습'에서는 표준 발음과 한글 맞춤법의 원리를 익히며 본격적으로 낱말, 어구, 문장 받아쓰기 공부를 해요. 3단계 '실전 받아쓰기'에서는 다양한 어구와 문장을 쓰며 배운 내용을 실전에 적용해요.

2 전문가가 개발한 '두 번 불러 주기 방식' 적용, 전문 성우의 음성 파일 제공!

'나무', '바다'처럼 쉬운 글자를 잘 쓰는 아이도 '얼음', '숲에서'처럼 소리의 변화가 일어나는 말을 '어름', '수페서'로 소리 나는 대로 써서 틀리는 경우가 종종 있어요. 이 책은 이처럼 소리와 글자가 다를 때 아이들이 혼란을 겪는다는 점에 주목해 새롭게 개발한 불러 주기 방식을 적용했어요. 먼저 '[얼] / [음]'으로 한 글자씩 끊어 읽어 소리와 표기가 일치하게 불러 준 다음 정확한 표준 발음인 '[어름]'을 들려줘요. '얼음'을 한 글자씩 읽을 때의 소리대로 쓰면 표기를 틀리지 않는다는 점에 주목한 것이지요.

* 불러 주기 음성 파일은 전문 성우가 정확한 발음으로 녹음하였고, 책 속에 있는 QR 코드를 통해 손쉽게 확인할 수 있어요. 음성 파일은 '아하 한글' 앱에서도 들을 수 있으며, 창비교육 홈페이지에서도 다운받을 수 있어요.

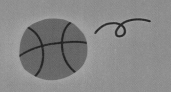

3 틀리기 쉬운 글자부터 집중적으로! 맞춤법까지 완벽하게!

이 책은 받아쓰기를 처음 하는 학생들이 자주 틀리는 글자, 어려워하는 글자를 모아 집중적으로 연습하게 했어요. 소리가 비슷하거나 모양이 헷갈리는 글자를 구별하며 자주 틀리는 표기를 연습하기 때문에 빠르고 효율적으로 받아쓰기의 기본기를 다질 수 있어요. 또한 발음과 표기의 원리를 직관적으로 보여 주며 맞춤법을 무조건 외우게 하는 것이 아니라 원리를 통해 자연스럽게 익힐 수 있게 구성했어요. 그래서 1~3권을 차례로 공부하면 맞춤법을 완벽하게 익힐 수 있어요.

4 받아쓰기 자신감, 6주면 완성!

이 책은 수준에 따라 총 3권으로 구성되어 있어요. 1권에서는 'ㄱ, ㅋ, ㄲ'과 'ㅔ, ㅐ'처럼 구별하기 어려운 글자가 들어간 낱말과 문장을 익히고, 2권에서는 연음, 자음 동화 등 간단한 소리의 변화가 일어나는 낱말과 문장을, 3권에서는 구개음화 등 복잡한 소리의 변화가 일어나는 낱말과 문장을 정확히 쓰는 연습을 해요. 하루에 5장씩 6주면 낱말, 어구, 문장을 모두 공부할 수 있기 때문에 아이들이 혼자서도 자신감 있게 공부해 나갈 수 있어요!

1주 복잡한 자음
2주 복잡한 모음

1주 연음 법칙, 된소리되기
2주 거센소리되기, 자음 동화

1주 음절의 끝소리 규칙
2주 구개음화, 음운 첨가, 사이시옷

이 책을 자세히 들여다볼까요?

1단계 진단 평가

진단 평가로 내가 잘하는 부분과 나의 부족한 부분을 확인해요.

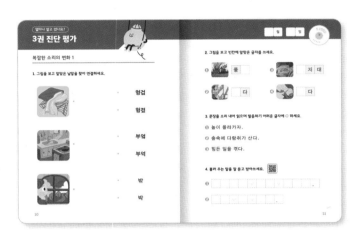

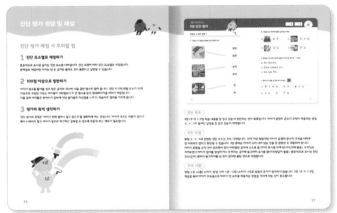

2단계 받아쓰기 연습

1. 틀리기 쉬운 글자부터 공부해요!

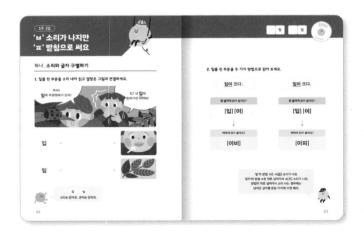

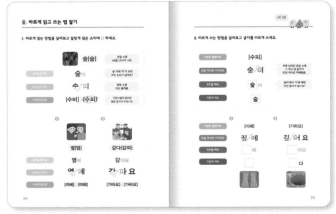

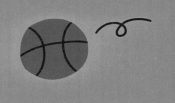

2. 낱말, 어구, 문장을 차례로 쓰며 하루 공부를 마무리해요!

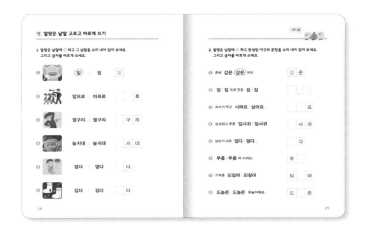
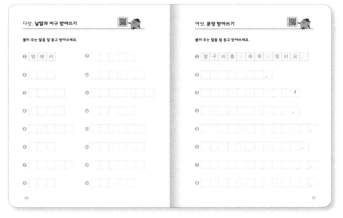

3단계 실전 받아쓰기

실전 받아쓰기 1, 2회로 한 주 동안 배운 내용을 실전에 적용해요!

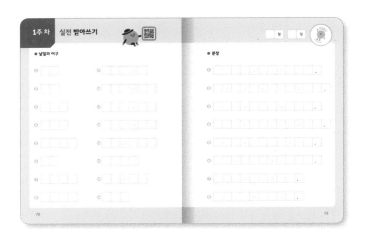
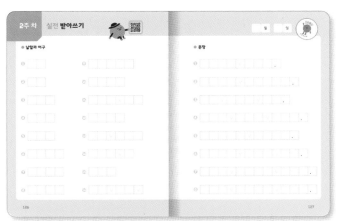

아하 한글 받아쓰기 ❸ 소리의 변화가 복잡한 말

1주 →

2주 →

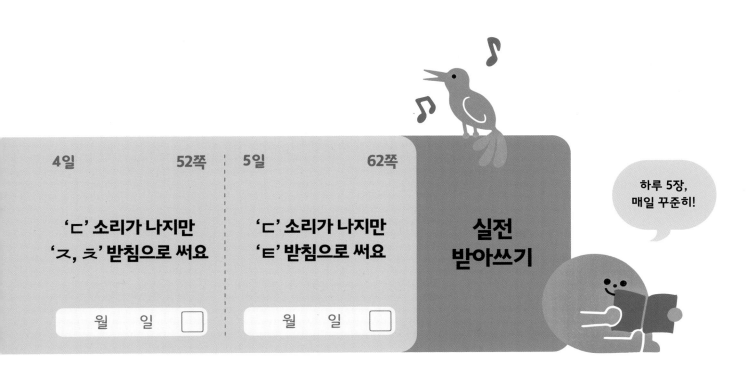

하루 5장,
매일 꾸준히!

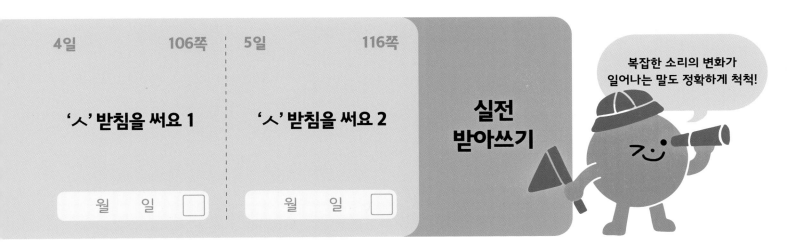

복잡한 소리의 변화가
일어나는 말도 정확하게 척척!

받아쓰기 ❸

진단 평가

3권 진단 평가

복잡한 소리의 변화 1

1. 그림을 보고 알맞은 낱말을 찾아 연결하세요.

헝겁

헝겊

부억

부엌

밖

박

참 잘했어요!

2. 그림을 보고 빈칸에 알맞은 글자를 쓰세요.

❶ 풀

❸ 지 대

❷ 　다

❹ 　다

3. 문장을 소리 내어 읽으며 발음하기 어려운 글자에 ○ 하세요.

❶ 높이 올라가자.

❷ 숲속에 다람쥐가 산다.

❸ 힘든 일을 겪다.

4. 불러 주는 말을 잘 듣고 받아쓰세요.

❶ 　　　　∨　　　∨　　　　.

❷ 　　∨　　∨　　.

1. 그림을 보고 알맞은 낱말을 찾아 연결하세요.

붓

붇

못

목

닻

닫

2. 그림을 보고 빈칸에 알맞은 글자를 쓰세요.

① 　 걸 이

③ 　 단 배

② 　 다

④ 　 죽

3. 문장을 소리 내어 읽으며 발음하기 어려운 글자에 ○ 하세요.

① 굳은 땅을 다져요.

② 친구의 말을 믿어 줘요.

③ 곳곳에 메모를 붙이다.

4. 불러 주는 말을 잘 듣고 받아쓰세요.

1. 그림을 보고 알맞은 낱말을 찾아 연결하세요.

올여름

올려름

쌀엿

쌀녓

맷돌

매똘

2. 그림을 보고 빈칸에 알맞은 글자를 쓰세요.

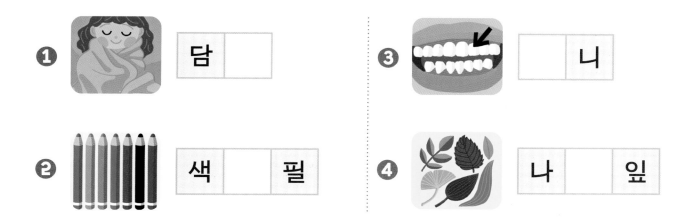

❶ 담 [ ]

❷ 색 [ ] 필

❸ [ ] 니

❹ 나 [ ] 잎

3. 문장을 소리 내어 읽으며 발음하기 어려운 글자에 ○ 하세요.

❶ 알약을 삼키기 어려워.

❷ 나는 스물여섯 살이야.

❸ 샛길로 가는 방법을 알아요.

4. 불러 주는 말을 잘 듣고 받아쓰세요.

❶

❷

진단 평가 정답 및 해설

진단 평가 채점 시 주의할 점

1 진단 요소별로 채점하기

붉은색으로 표시한 글자는 진단 요소를 나타냅니다. 진단 요령에 따라 진단 요소별로 채점합니다.
문제별로 채점하면 아이는 단 한 글자만 틀려도 모두 틀렸다고 실망할 수 있습니다.

2 100점 이상으로 칭찬하기

아이가 점수를 물어볼 경우 맞은 글자의 개수에 10을 곱한 점수로 알려 줍니다. 진단 도구의 채점 요소가 10개
이상으로 구성된 이유는 아이들이 100점보다 더 큰 점수를 받고 행복해지기를 바라기 때문입니다.
이를 통해 아이들은 받아쓰기 공부에 대한 즐거움과 자신감을 느끼고, 학습에도 열의를 가지게 됩니다.

3 평가의 목적 생각하기

진단 평가의 목적은 '아이가 현재 얼마나 알고 있는지'를 정확하게 아는 것입니다. 아이가 모르는 내용이 있다고
해서 나무라지 말고 아이가 앞으로 차근차근 공부할 수 있도록 북돋워 주는 태도가 필요합니다.

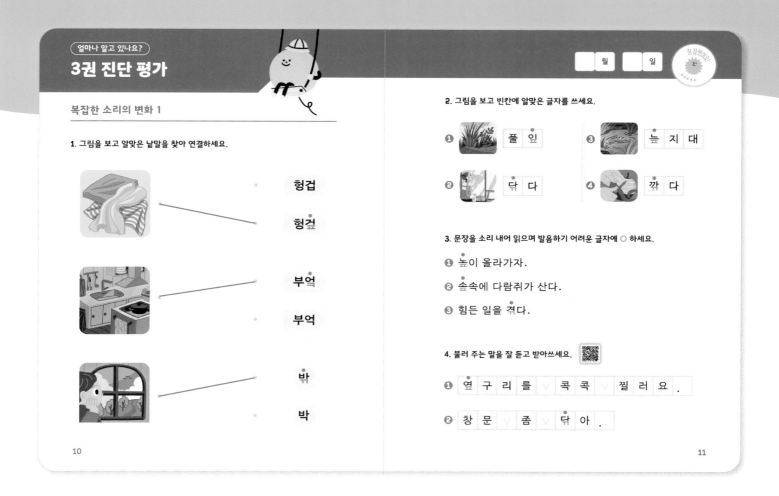

진단 목표

3권 1주 차 1~2일 학습 내용을 잘 알고 있는지 진단하는 것이 목표입니다. 아이가 음절의 끝소리 규칙이 적용되는 받침 ㅍ, ㅋ, ㄲ이 들어간 낱말을 잘 알고 있는지 파악합니다.

진단 요령

받침 ㅍ, ㅋ, ㄲ과 관련된 진단 요소는 모두 12개입니다. 10개 이상 맞혔다면 아이가 음절의 끝소리 규칙을 대체로 잘 이해하고 있다고 판단할 수 있습니다. 3번 문제는 아이가 소리 내어 읽는 것을 잘 관찰한 후 채점해야 합니다. 아이가 문장을 소리 내어 읽으면서 읽기 어려웠던 글자에 스스로 동그라미 표시를 하게 합니다(교재 활용). 부모님은 지켜보면서 아이가 읽기를 망설이거나 주저하는 글자에 동그라미 표시를 합니다(정답지 활용). 붉은색으로 표시한 진단 요소(글자) 중에서 동그라미를 친 것이 있다면 틀린 것으로 채점합니다.

주의 사항

받침 ㅍ은 ㅂ[읍] 소리가, 받침 ㅋ과 ㄲ은 ㄱ[윽] 소리가 나므로 발음과 표기가 일치하지 않습니다. 3권 1주 차 1~2일 학습을 통해 아이가 대표음으로 바뀌기 전 소리를 떠올리는 방법을 익히게 하는 것이 중요합니다.

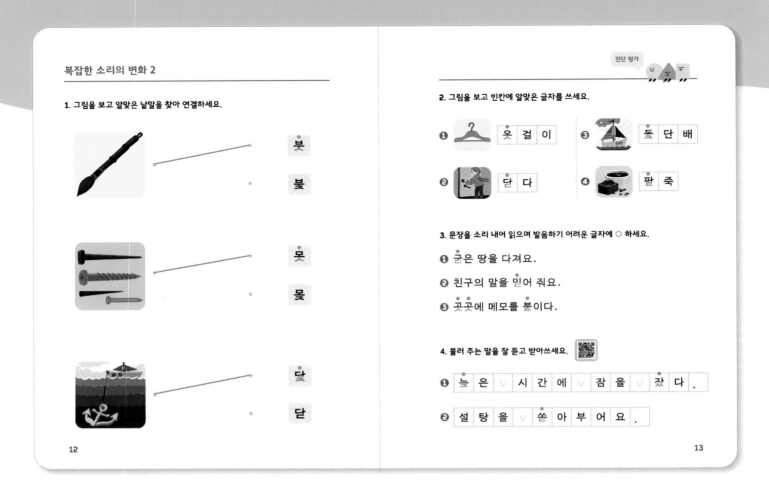

진단 목표

3권 1주 차 3~5일 학습 내용을 잘 알고 있는지 진단하는 것이 목표입니다. 아이가 음절의 끝소리 규칙이 적용되는 받침 ㅅ, ㅆ, ㅈ, ㅊ, ㅌ이 들어간 낱말을 잘 알고 있는지 판단합니다.

진단 요령

받침 ㅅ, ㅆ, ㅈ, ㅊ, ㄷ, ㅌ과 관련된 진단 요소는 모두 15개입니다. 12개 이상 맞혔다면 아이가 음절의 끝소리 규칙을 대체로 잘 이해하고 있다고 판단할 수 있습니다. 3번 문제는 아이가 소리 내어 읽는 것을 잘 관찰한 후 채점해야 합니다. 아이가 문장을 소리 내어 읽으면서 읽기 어려웠던 글자에 스스로 동그라미 표시를 하게 합니다(교재 활용). 부모님은 지켜보면서 아이가 읽기를 망설이거나 주저하는 글자에 동그라미 표시를 합니다(정답지 활용). 붉은색으로 표시한 진단 요소(글자) 중에서 동그라미를 친 것이 있다면 틀린 것으로 채점합니다.

주의 사항

받침 ㅅ, ㅆ, ㅈ, ㅊ, ㅌ은 모두 ㄷ[읃] 소리가 나기 때문에 아이가 받침을 구분하여 적는 것을 어려워하는 경우가 많습니다. 3권 1주 차 3~5일 학습을 통해 다양한 예시와 원리를 함께 학습하게 지도하는 것이 좋습니다.

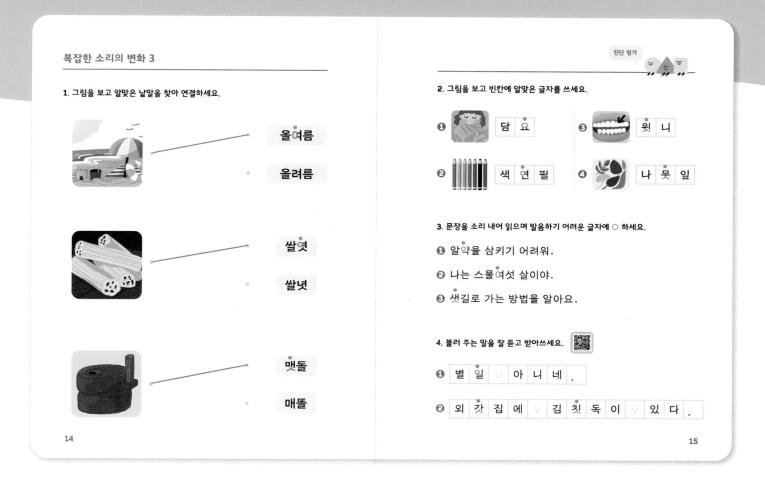

복잡한 소리의 변화 3

1. 그림을 보고 알맞은 낱말을 찾아 연결하세요.

올여름

올려름

쌀엿

쌀녓

맷돌

매똘

14

2. 그림을 보고 빈칸에 알맞은 글자를 쓰세요.

❶ 담 요   ❸ 윗 니

❷ 색 연 필   ❹ 나 뭇 잎

3. 문장을 소리 내어 읽으며 발음하기 어려운 글자에 ○ 하세요.

❶ 알약을 삼키기 어려워.

❷ 나는 스물여섯 살이야.

❸ 샛길로 가는 방법을 알아요.

4. 불러 주는 말을 잘 듣고 받아쓰세요.

❶ 별 일 ∨ 아 니 네 .

❷ 외 갓 집 에 ∨ 김 칫 독 이 ∨ 있 다 .

15

진단 목표

3권 2주 차 학습 내용을 잘 알고 있는지 진단하는 것이 목표입니다. 아이가 음운 첨가 현상이 적용된 낱말과 어구, 사이시옷이 들어간 낱말과 어구를 잘 알고 있는지 진단합니다.

진단 요령

음운 첨가 및 사이시옷과 관련된 진단 요소는 모두 13개입니다. 10개 이상 맞혔다면 아이가 음운 첨가 및 사이시옷을 대체로 잘 이해하고 있다고 판단할 수 있습니다. 3번 문제는 아이가 소리 내어 읽는 것을 잘 관찰한 후 채점해야 합니다. 아이가 문장을 소리 내어 읽으면서 읽기 어려웠던 글자에 스스로 동그라미 표시를 하게 합니다(교재 활용). 부모님은 지켜보면서 아이가 읽기를 망설이거나 주저하는 글자에 동그라미 표시를 합니다(정답지 활용). 붉은색으로 표시한 진단 요소(글자) 중에서 동그라미를 친 것이 있다면 틀린 것으로 채점합니다.

주의 사항

음운 첨가 및 사이시옷은 3권의 가장 마지막에 배우는 내용으로 학습의 난도가 가장 높습니다. 3권 2주 차 학습을 통해 일상생활에서 자주 쓰이는 다양한 낱말과 어구를 함께 익히게 이끌어 주는 것이 좋습니다.

받아쓰기 ③

'<u>ㅂ</u>' 소리가 나지만 '<u>ㅍ</u>' 받침으로 써요

하나. 소리와 글자 구별하기

1. 밑줄 친 부분을 소리 내어 읽고 알맞은 그림과 연결하세요.

우아! 잎에 무당벌레가 있어!

입? 내 입에 들어가면 어떡해!

입 •

잎 •

입   잎

소리는 같아요. 글자는 달라요.

2. 밑줄 친 부분을 두 가지 방법으로 읽어 보세요.

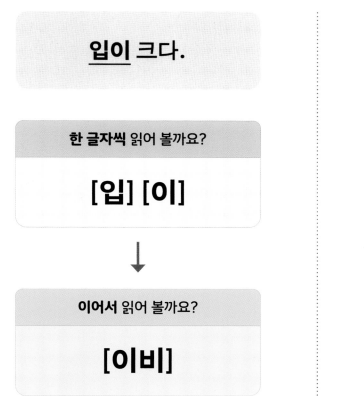

입이 크다.

한 글자씩 읽어 볼까요?

[입] [이]

↓

이어서 읽어 볼까요?

[이비]

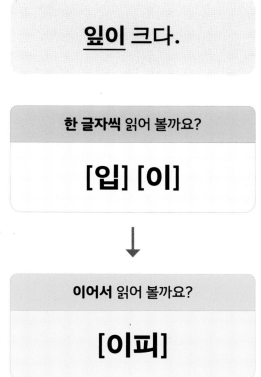

잎이 크다.

한 글자씩 읽어 볼까요?

[입] [이]

↓

이어서 읽어 볼까요?

[이피]

'잎'의 받침 ㅍ은 ㅂ[읍] 소리가 나요.
'잎이'의 받침 ㅍ은 뒤로 넘어가서 ㅍ[프] 소리가 나요.
받침이 뒤로 넘어가서 소리 나는 경우에는
넘어간 글자를 받침 자리에 쓰면 돼요.

둘. 바르게 읽고 쓰는 법 알기

1. 바르게 읽는 방법을 살펴보고 알맞게 읽은 소리에 ○ 하세요.

받침 ㅍ은
ㅂ[읍] 소리가 나요.

'숲' 뒤에 '이'가 오면
어떤 소리가 날까요?

받침 ㅍ을
뒤로 **넘겨요.**

자연스럽게 읽으면
받침 글자가 드러나요.

① 힌트를 붙여요 숲이

받침을 넘겨요 숲 피

이렇게 읽어요 [수비] | [수피]

❶

옆[엽]

힌트를 붙여요 옆에

받침을 넘겨요 옆 페

이렇게 읽어요 [여베] | [여페]

❷

갚다[갑따]

힌트를 붙여요 갚아요

받침을 넘겨요 갚 파 요

이렇게 읽어요 [가파요] | [가바요]

2. 바르게 쓰는 방법을 살펴보고 글자를 바르게 쓰세요.

이렇게 들렸어요	[수피]	
받침 자리로 가져와요	숲피	뒤로 넘어간 받침 ㅍ에 ○ 하고 앞 글자의 받침 자리로 **가져와요.**
힌트를 빼요	숲이	'숲이'에서 '이'를 빼면 어떤 글자가 남나요?
이렇게 써요	숲	

❶

❷

이렇게 들렸어요	[지페]	[기퍼요]
받침 자리로 가져와요	짚페	깊퍼요
힌트를 빼요	☐에	☐어요
이렇게 써요	☐	☐다

셋. 바르게 읽고 쓰기

1. 받침이 무엇인지 생각하며 글자를 바르게 쓰세요.

	[더 퍼]			[무 르 페]	
①		어	④		에

	[어 퍼]			[헝 거 프 로]	
②		어	⑤		으 로

	[노 파]			[여 프 로]	
③		아	⑥		으 로

'에', '으로' 같은 말을 조사라고 하고, '-아/-어' 같은 말을 어미라고 해요.
모음으로 시작하는 조사나 어미는 앞 글자의 받침이 어떤 소리가 나는지 알려 주는 힌트가 돼요.

2. 어구와 문장을 소리 내어 읽고 색칠한 부분을 바르게 쓰세요.

소리 내어 읽어요	[여 프 로] 가!	소리 내어 읽어요	[깁 꼬] 길다!
이렇게 써요	옆 으 로 가!	이렇게 써요	깊 고 길다!

❶ [이 플] 잔뜩 따자.

☐☐ 잔뜩 따자.

❺ [놉 께] 올라가자.

☐☐ 올라가자.

❷ 은혜 [가 픈] 까치

은혜 ☐☐ 까치

❻ [업 찌 르 면] 어떡해!

☐☐☐☐ 어떡해!

❸ [기 프 니 까] 조심해.

☐☐☐☐ 조심해.

❼ [카 레 덥 빱] 먹고 싶어!

☐☐☐☐ 먹고 싶어!

❹ 지팡이를 [지 퍼 요].

지팡이를 ☐☐☐ .

❽ [무 릅 뼈]가 아파서

☐☐☐ 가 아파서

27

넷. 알맞은 낱말 고르고 바르게 쓰기

1. 알맞은 낱말에 ○ 하고 그 낱말을 소리 내어 읽어 보세요.
그리고 글자를 바르게 쓰세요.

❶ (입) | 잎   입

❷ 앞으로 | 아프로 | | 로 |

❸ 엽구리 | 옆구리 | | 구 | 리 |

❹ 늡지대 | 늪지대 | | 지 | 대 |

❺ 덥다 | 덮다 | | 다 |

❻ 깁다 | 깊다 | | 다 |

**2. 알맞은 낱말에 ○ 하고 완성된 어구와 문장을 소리 내어 읽어 보세요.
그리고 글자를 바르게 쓰세요.**

❶ 은혜 **갑은** **갚은** 까치

갚	은

❷ **집**│**짚** 으로 만든 **집**│**짚**

	,	

❸ 과자가 먹고 **시퍼요**│**싶어요** .

	요

❹ 싱싱하고 푸른 **입사귀**│**잎사귀**

	사	귀

❺ 날씨가 너무 **덥다**│**덮다** .

	다

❻ **무릅**│**무릎** 이 시려요.

무	

❼ 기억을 **되집어**│**되짚어**

되		어

❽ **드놉은**│**드높은** 하늘이에요.

드		은

29

다섯. 낱말과 어구 받아쓰기

불러 주는 말을 잘 듣고 받아쓰세요.

❶ | 옆 | 에 | 서 |

❷

❸

❹

❺

❻

❼

❽

❾

❿

⓫

⓬

⓭

⓮

⓯

⓰

여섯. 문장 받아쓰기

불러 주는 말을 잘 듣고 받아쓰세요.

❶ | 옆 | 구 | 리 | 를 | ∨ | 콕 | 콕 | ∨ | 찔 | 러 | 요 | . |

❷

❸

❹

❺

❻

❼

❽

'¬' 소리가 나지만
'ㄲ, ㅋ' 받침으로 써요

하나. 소리와 글자 구별하기

1. 밑줄 친 부분을 소리 내어 읽고 알맞은 그림과 연결하세요.

묶은 거 얼마예요?

오천 원 이에요.

묶은 얼마예요?

이천 원 이에요.

묶은? 묵은? 왜 가격이 다르지?

묶은 •

•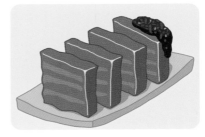

묵 •

•

묵　　묶
소리는 같아요. 글자는 달라요.

32

2. 밑줄 친 부분을 두 가지 방법으로 읽어 보세요.

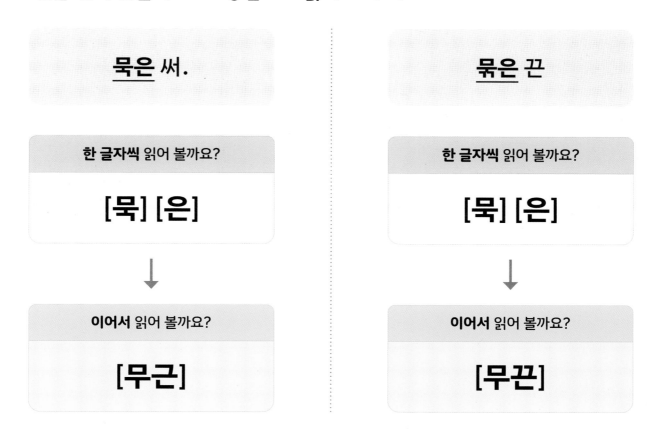

묶<u>은</u> 써.

한 글자씩 읽어 볼까요?

[묵] [은]

↓

이어서 읽어 볼까요?

[무근]

<u>묶은</u> 끈

한 글자씩 읽어 볼까요?

[묵] [은]

↓

이어서 읽어 볼까요?

[무끈]

'묶다'의 받침 ㄲ은 ㄱ[윽] 소리가 나요.
'묶은'의 받침 ㄲ은 뒤로 넘어가서 ㄲ[끄] 소리가 나요.
받침이 뒤로 넘어가서 소리 나는 경우에는
넘어간 글자를 받침 자리에 쓰면 돼요.

33

둘. 바르게 읽고 쓰는 법 알기

1. 바르게 읽는 방법을 살펴보고 알맞게 읽은 소리에 ○ 하세요.

❶

❷

2. 바르게 쓰는 방법을 살펴보고 글자를 바르게 쓰세요.

이렇게 들렸어요	[까까]	
받침 자리로 가져와요	깎아	뒤로 넘어간 받침 ㄲ에 ○ 하고 앞 글자의 받침 자리로 **가져와요.**
힌트를 빼요	깎 아	'깎아'에서 '-아'를 빼면 어떤 글자가 남나요?
이렇게 써요	깎 다	

❶

이렇게 들렸어요	[다끈]
받침 자리로 가져와요	닦은
힌트를 빼요	☐ 은
이렇게 써요	☐ 다

❷

[새병녀케]

새 병 녘 에

새	벽		에

새	벽	

셋. 바르게 읽고 쓰기

1. 받침이 무엇인지 생각하며 글자를 바르게 쓰세요.

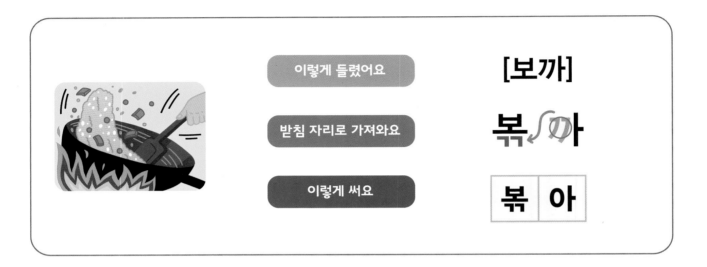

이렇게 들렸어요		[보까]
받침 자리로 가져와요		복까
이렇게 써요		복 아

①  [서 끄 면]
	으	면

②  [여 꺼 서]
	어	서

③  [꺼 끈]
	은

④  [부 어 크 로]
		으	로

⑤  [동 녀 케]
		에

⑥  [들 녀 케 서]
		에	서

'으로', '에' 같은 말을 조사라고 하고, '-으면', '-은', '-아/-어' 같은 말을 어미라고 해요.
모음으로 시작하는 조사나 어미는 앞 글자의 받침이 어떤 소리가 나는지 알려 주는 힌트가 돼요.

2. 어구와 문장을 소리 내어 읽고 색칠한 부분을 바르게 쓰세요.

소리 내어 읽어요	휙 [나 까 요].	소리 내어 읽어요	[낙 씨] 가자!
이렇게 써요	휙 **낚 아 요**.	이렇게 써요	**낚 시** 가자!

❶ [떡 뽀 끼] 먹고 싶다.

         먹고 싶다.

❷ 백 원만 [까 까] 주세요.

백 원만   주세요.

❸ 창문을 [다 까 요].

창문을

❹ [바 께] 나가서 놀자!

    나가서 놀자!

❺ 카드를 [뒤 석 짜].

카드를

❻ 해가 뜨는 [아 침   녁]

해가 뜨는

❼ [해   질   녁] 하늘

         하늘

❽ 혼자서 신발 끈 [묵 꼬 서]

혼자서 신발 끈

넷. 알맞은 낱말 고르고 바르게 쓰기

1. 알맞은 낱말에 ○ 하고 그 낱말을 소리 내어 읽어 보세요.
그리고 글자를 바르게 쓰세요.

| ❶ | 꺽어서 \| (꺾어서) | 꺾 | 어 | 서 |

| ❷ | 묵기 \| 묶기 | | 기 |

| ❸ | 역기 \| 엮기 | | 기 |

| ❹ | 박에서 \| 밖에서 | | 에 | 서 |

| ❺ | 닥다 \| 닦다 | | 다 |

| ❻ | 저녁 \| 저녁 | 저 | |

2. 알맞은 낱말에 ○ 하고 완성된 어구와 문장을 소리 내어 읽어 보세요.
　그리고 글자를 바르게 쓰세요.

❶ 김장용 배추를 **속아 | 솎아** 줘요.

솎	아

❷ 어려움을 **격다 | 겪다** .

	다

❸ 머리 **깍고 | 깎고** 갈게요.

	고

❹ 양들이 **들녁 | 들녘** 에 뛰논다.

들	

❺ **새벽녁 | 새벽녘** 하늘에 해가 떠요.

새	벽	

❻ **창박 | 창밖** 에 눈이 와요.

창	

❼ 손님들의 신발이 **뒤석이다 | 뒤섞이다** .

뒤		이	다

❽ **아침 녁 | 아침 녘** 새들이 노래해요.

아	침	∨	

39

다섯. 낱말과 어구 받아쓰기

불러 주는 말을 잘 듣고 받아쓰세요.

❶ | 부 | 억 |

❷

❸

❹

❺

❻

❼

❽

❾

❿

⓫

⓬

⓭

⓮

⓯

⓰

40

여섯. 문장 받아쓰기

불러 주는 말을 잘 듣고 받아쓰세요.

❶ | 창 | 문 | ∨ | 좀 | ∨ | 닦 | 아 | . |

❷ | | | | | ∨ | | | ∨ | | | . |

❸ | | | | | ∨ | | | ∨ | | | . |

❹ | | | | ∨ | | | ∨ | | | . |

❺ | | | | ∨ | | | ∨ | | | . |

❻ | | ∨ | | ∨ | | ∨ | | | ∨ | | . |

❼ | | | | ∨ | | | ∨ | | . |

❽ | | | | | ∨ | | | | | ∨ | | . |

'ㄷ' 소리가 나지만 'ㅅ, ㅆ' 받침으로 써요

하나. 소리와 글자 구별하기

1. 밑줄 친 부분을 소리 내어 읽고 알맞은 그림과 연결하세요.

먹어 보시오, **잣**이오.

자시오?
쿨쿨 **잤**다고?

잤다 •

•

잣 •

•

 잣 잤
소리는 같아요. 글자는 달라요.

월   일

2. 밑줄 친 부분을 두 가지 방법으로 읽어 보세요.

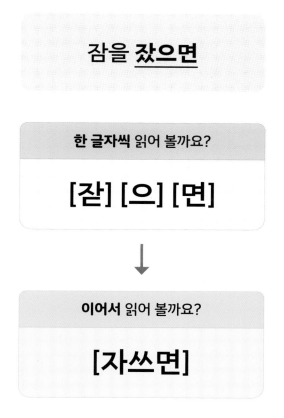

고소한 **잣이오**.	잠을 **잤으면**
한 글자씩 읽어 볼까요?	**한 글자씩** 읽어 볼까요?
[잗] [이] [오]	[잗] [으] [면]
↓	↓
이어서 읽어 볼까요?	**이어서** 읽어 볼까요?
[자시오]	[자쓰면]

'잤다'의 받침 ㅆ은 ㄷ[은] 소리가 나요.
'잤으면'의 받침 ㅆ은 뒤로 넘어가서 ㅆ[쓰] 소리가 나요.
받침이 뒤로 넘어가서 소리 나는 경우에는
넘어간 글자를 받침 자리에 쓰면 돼요.

43

둘. 바르게 읽고 쓰는 법 알기

1. 바르게 읽는 방법을 살펴보고 알맞게 읽은 소리에 ○ 하세요.

옷[옫]

받침 ㅅ은 ㄷ[읃] 소리가 나요.

힌트를 붙여요

옷에서

'옷' 뒤에 '에서'가 오면 어떤 소리가 날까요?

받침을 넘겨요

옷세서

받침 ㅅ을 뒤로 **넘겨요.**

이렇게 읽어요

[옫에서] | (오세서)

자연스럽게 읽으면 받침 글자가 드러나요.

❶	❷
못[몯]	봤다[봗따]

힌트를 붙여요

못을 / 봤으면

받침을 넘겨요

모슬 / 봤쓰면

이렇게 읽어요

[몯을] | [모슬]   [봐스면] | [봐쓰면]

44

2. 바르게 쓰는 방법을 살펴보고 글자를 바르게 쓰세요.

이렇게 들렸어요	[오세서]
받침 자리로 가져와요	옷에서 · 뒤로 넘어간 받침 ㅅ에 ○ 하고 앞 글자의 받침 자리로 **가져와요**.
힌트를 빼요	옷 에서 · '옷에서'에서 '에서'를 빼면 어떤 글자가 남나요?
이렇게 써요	옷

	❶	❷
이렇게 들렸어요	[가슬]	[와쓰면]
받침 자리로 가져와요	갓을	왔으면
힌트를 빼요	☐ 을	☐ 으면
이렇게 써요	☐	☐ 다

셋. 바르게 읽고 쓰기

1. 받침이 무엇인지 생각하며 글자를 바르게 쓰세요.

① [씨 서 라]
	어	라

② [부 스 로]
	으	로

③ [송 고 스 로]
		으	로

④ [펴 쓰 니 까]
		으	니	까

⑤ [가 써]
	어

⑥ [이 러 나 써]
			어

'이', '으로' 같은 말을 조사라고 하고, '-아/-어', '-으니까' 같은 말을 어미라고 해요.
모음으로 시작하는 조사나 어미는 앞 글자의 받침이 어떤 소리가 나는지 알려 주는 힌트가 돼요.

2. 어구와 문장을 소리 내어 읽고 색칠한 부분을 바르게 쓰세요.

소리 내어 읽어요	활짝 [우 서 요].
이렇게 써요	활짝 [웃][어][요].

소리 내어 읽어요	[욷 꼬] 울어요.
이렇게 써요	[웃][고] 울어요.

---

❶ [세 시 서] 나눠 먹자!

[ ][ ][ ] 나눠 먹자!

❷ 더워서 옷을 [버 서 요].

더워서 옷을 [ ][ ][ ].

❸ 정답을 [아 라 써].

정답을 [ ][ ][ ].

❹ 여기 [이 써].

여기 [ ][ ].

❺ 사이 좋은 [이 욷 끼 리]

사이 좋은 [ ][ ][ ][ ]

❻ 고약한 [잠 뻐 릇]

고약한 [ ][ ][ ]

❼ [헏 쑤 고]만 하고서

[ ][ ][ ]만 하고서

❽ 멀리서 보이는 [손 찓]

멀리서 보이는 [ ][ ]

1. 알맞은 낱말에 ◯ 하고 그 낱말을 소리 내어 읽어 보세요.
그리고 글자를 바르게 쓰세요.

① 이겻다 | (이겼다)   이 겼 다

② 풋사과 | 풒사과   ☐ 사 과

③ 옷걸이 | 옰걸이   ☐ 걸 이

④ 맛잇다 | 맛있다   맛 ☐ 다

⑤ 씨앗 | 씨았   씨 ☐

⑥ 연못 | 연뫗   연 ☐

2. 알맞은 낱말에 ○ 하고 완성된 어구와 문장을 소리 내어 읽어 보세요.
그리고 글자를 바르게 쓰세요.

❶ 아침마다 머리를 (빗어요)│빘어요 .

빗	어	요

❷ **잘못**│**잘몿** 을 반성해요.

잘	

❸ **무엇**│**무었** 을 먼저 할까?

무	

❹ 형한테 간식을 **빼앗기다**│**빼았기다** .

빼		기	다

❺ 무슨 말인지 **알겟어**│**알겠어** .

알		어

❻ 노력해도 **헛수고**│**헜수고** 야.

	수	고

❼ **꼬리빗**│**꼬리빘** 으로 가르마를 타요.

꼬	리	

❽ **햇과일**│**했과일** 을 먹어요.

	과	일

다섯. 낱말과 어구 받아쓰기

불러 주는 말을 잘 듣고 받아쓰세요.

❶
비	옷

❷

❸

❹

❺

❻

❼

❽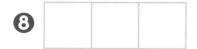

❾

❿

⓫

⓬

⓭

⓮

⓯

⓰

불러 주는 말을 잘 듣고 받아쓰세요.

❶ | 셋 | 이 | 서 | ∨ | 놀 | 자 | . |

❷ | | | ∨ | | | | ∨ | | | | ? |

❸ | | | ∨ | | | . |

❹ | | | ∨ | | | . |

❺ | | | ∨ | | | | ∨ | | . |

❻ | | | ∨ | | . |

❼ | | | ∨ | | | | ? |

❽ | | | | ∨ | | ∨ | | . |

'亡' 소리가 나지만
'ㅈ, ㅊ' 받침으로 써요

하나. 소리와 글자 구별하기

1. 밑줄 친 부분을 소리 내어 읽고 알맞은 그림과 연결하세요.

저 쓰레기 좀 봐. 부끄러워서 **낯** 뜨겁구나.

낯 뜨겁다고요? 지금 추워요!

하하. 낮은 얼굴이라는 뜻이란다.

낮 •

•

낯 •

•

  낮   낯
소리는 같아요. 글자는 달라요.

최고예요!

2. 밑줄 친 부분을 두 가지 방법으로 읽어 보세요.

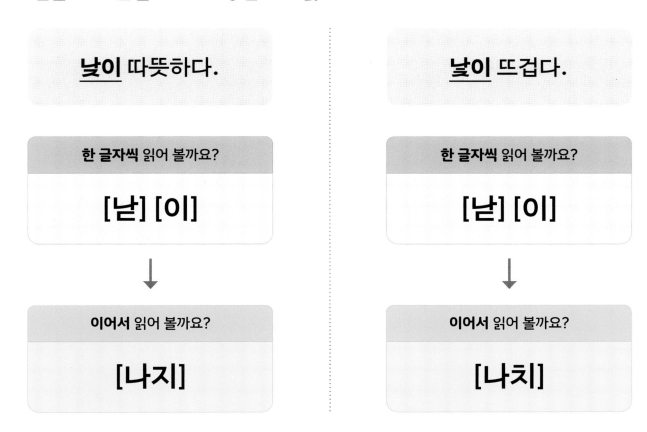

낮이 따뜻하다.

한 글자씩 읽어 볼까요?

[낟] [이]

↓

이어서 읽어 볼까요?

[나지]

낮이 뜨겁다.

한 글자씩 읽어 볼까요?

[낟] [이]

↓

이어서 읽어 볼까요?

[나치]

'낮'의 받침 ㅊ은 ㄷ[읃] 소리가 나요.
'낮이'의 받침 ㅊ은 뒤로 넘어가서 ㅊ[츠] 소리가 나요.
받침이 뒤로 넘어가서 소리 나는 경우에는
넘어간 글자를 받침 자리에 쓰면 돼요.

둘. 바르게 읽고 쓰는 법 알기

1. 바르게 읽는 방법을 살펴보고 알맞게 읽은 소리에 ○ 하세요.

꽂다[꼳따]

받침 ㅈ은 ㄷ[읃] 소리가 나요.

힌트를 붙여요   꽂아서

'꽂다'에 '-다' 대신 '-아서'가 오면 어떤 소리가 날까요?

받침을 넘겨요   꽂자서

받침 ㅈ을 뒤로 **넘겨요.**

이렇게 읽어요   [꼳아서] | ⦅꼬자서⦆

자연스럽게 읽으면 받침 글자가 드러나요.

❶

빚다[빋따]

힌트를 붙여요   빚으면서

받침을 넘겨요   빚즈면서

이렇게 읽어요   [빋으면서] | [비즈면서]

❷

윷[윧]

윷을

윳츨

[유슫] | [유츨]

54

2. 바르게 쓰는 방법을 살펴보고 글자를 바르게 쓰세요.

이렇게 들렸어요	**[꼬자서]**	
받침 자리로 가져와요	꽂아 서	뒤로 넘어간 받침 ㅈ에 ㅇ 하고 앞 글자의 받침 자리로 **가져와요.**
힌트를 빼요	꽂 아서	'꽂아서'에서 '-아서'를 빼면 어떤 글자가 남나요?
이렇게 써요	꽂 다	

❶ **[느저서]**

이렇게 들렸어요	[느저서]
받침 자리로 가져와요	늦어 서
힌트를 빼요	☐ 어서
이렇게 써요	☐ 다

❷ **[꼳]**

받침 자리로 가져와요	꽃을
힌트를 빼요	☐ 을
이렇게 써요	☐

셋. 바르게 읽고 쓰기

1. 받침이 무엇인지 생각하며 글자를 바르게 쓰세요.

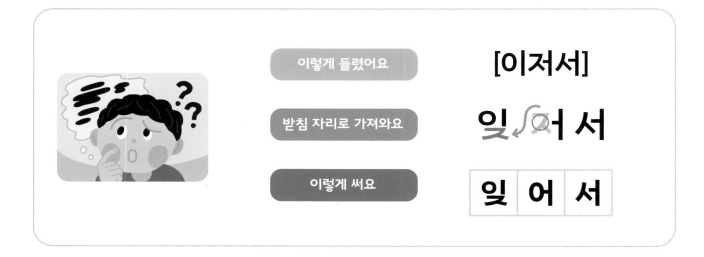

이렇게 들렸어요	[이저서]
받침 자리로 가져와요	잊어서
이렇게 써요	잊 어 서

❶ [저 저 서] ☐ 어 서

❹ [꼬 츨] ☐ 을

❷ [찌 저 져 서] ☐ 어 져 서

❺ [다 츨] ☐ 을

❸ [꼬 자 서] ☐ 아 서

❻ [쪼 차 서] ☐ 아 서

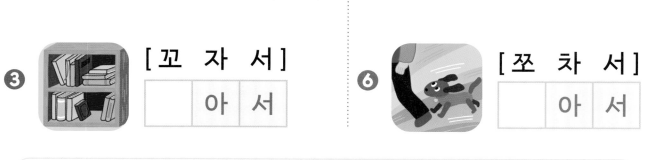

'을' 같은 말을 조사라고 하고, '-아/-어' 같은 말을 어미라고 해요.
모음으로 시작하는 조사나 어미는 앞 글자의 받침이 어떤 소리가 나는지 알려 주는 힌트가 돼요.

2. 어구와 문장을 소리 내어 읽고 색칠한 부분을 바르게 쓰세요.

소리 내어 읽어요	함께 [차 자 요].	소리 내어 읽어요	술래 [찯 끼]
이렇게 써요	함께 **찾 아 요** .	이렇게 써요	술래 **찾 기**

❶ [밤 느 즌] 시간에

    ☐ ☐ 시간에

❷ 반갑게 [마 지 해 요].

    반갑게 ☐ ☐ ☐ ☐ .

❸ [불 삐 치] 반짝이는

    ☐ ☐ ☐ 반짝이는

❹ [도 츨] 단 배

    ☐ ☐ 단 배

❺ 달콤한 [낟 짬]

    달콤한 ☐ ☐

❻ [알 맏 께] 채워요.

    ☐ ☐ ☐ 채워요.

❼ [뒤 쫀 떤] 개

    ☐ ☐ ☐ 개

❽ 아름다운 [꼳 따 발]

    아름다운 ☐ ☐ ☐

넷. 알맞은 낱말 고르고 바르게 쓰기

1. 알맞은 낱말에 ○ 하고 그 낱말을 소리 내어 읽어 보세요.
그리고 글자를 바르게 쓰세요.

① (맞이하다) | 맞이하다   맞 이 하 다

② 늗잠 | 늦잠   ☐ 잠

③ 찾다 | 찿다   ☐ 다

④ 돛단배 | 돗단배   ☐ 단 배

⑤ 찢다 | 찟다   ☐ 다

⑥ 낮다 | 낯다   ☐ 다

58

2. 알맞은 낱말에 ○ 하고 완성된 어구와 문장을 소리 내어 읽어 보세요.
   그리고 글자를 바르게 쓰세요.

❶ 닻 ⟨닻⟩ 을 내려라. | 닻 |

❷ 도둑을 **쫓아라** | **쫓아라** ! | | 아 | 라 |

❸ **덫** | **덯** 에 걸린 쥐 | |

❹ **벚꽅** | **벛꽃** 이 참 예쁘구나! | | 꽃 |

❺ **달빛** | **달빚** 이 영롱해요. | 달 | |

❻ 추석에 송편을 **빚어요** | **빛어요** . | | 어 | 요 |

❼ **잊어버린** | **잃어버린** 기억 | | 어 | 버 | 린 |

❽ 설날에는 즐거운 **윷놀이** | **윹놀이** | | 놀 | 이 |

59

다섯. 낱말과 어구 받아쓰기

불러 주는 말을 잘 듣고 받아쓰세요.

❶ | 늘 | 잠 |

❷

❸

❹

❺

❻

❼

❽

❾

❿

⓫

⓬

⓭

⓮

⓯

⓰

여섯. 문장 받아쓰기

불러 주는 말을 잘 듣고 받아쓰세요.

❶ | 늘 | 은 | ∨ | 시 | 간 | 에 | ∨ | 잠 | 을 | ∨ | 잤 | 다 | . |

❷ | | | ∨ | | | ∨ | | | | . |

❸ | | | | ∨ | | | ∨ | | | | . |

❹ | | ∨ | | | ∨ | | | ∨ | | | | . |

❺ | | | ∨ | | | | ∨ | | | | . |

❻ | | | ∨ | | | ∨ | | | | . |

❼ | | | ∨ | | | ∨ | | | | | . |

❽ | | ∨ | | ∨ | | | | ∨ | | | . |

'ㄷ' 소리가 나지만 'ㅌ' 받침으로 써요

하나. 소리와 글자 구별하기

1. 밑줄 친 부분을 소리 내어 읽고 알맞은 그림과 연결하세요.

자, 여기 씨앗 **받**아!

간격이 너무 **밭**아!

받아?

모종끼리 너무 붙어 있다는 뜻이란다.

받아 ●

밭아 ●

●

받　　밭

소리는 같아요. 글자는 달라요.

2. 밑줄 친 부분을 두 가지 방법으로 읽어 보세요.

자, 이거 **받아**.

한 글자씩 읽어 볼까요?

[받] [아]

↓

이어서 읽어 볼까요?

[바다]

거리가 너무 **밭아**.

한 글자씩 읽어 볼까요?

[받] [아]

↓

이어서 읽어 볼까요?

[바타]

받침 ㄷ은 다른 받침에 소리를 빌려 줄 때가 있어요.
앞에서 공부한 받침 ㅅ, ㅆ, ㅈ, ㅊ과
앞으로 공부할 받침 ㅌ은 모두 ㄷ[읃] 소리가 나요.
받침이 뒤로 넘어가서 소리 나는 경우에는
넘어간 글자를 받침 자리에 쓰면 돼요.

둘. 바르게 읽고 쓰는 법 알기

1. 바르게 읽는 방법을 살펴보고 알맞게 읽은 소리에 ○ 하세요.

받침 ㅌ은 ㄷ[읃] 소리가 나요.

붙다[붇따]

'붙다'에 '-다' 대신 '-어라'가 오면 어떤 소리가 날까요?

힌트를 붙여요   붙어라

받침을 넘겨요   붙터라

받침 ㅌ을 뒤로 **넘겨요**.

이렇게 읽어요   [부더라] | [부터라]

자연스럽게 읽으면 받침 글자가 드러나요.

❶

닫다[닫따]

힌트를 붙여요   닫은

받침을 넘겨요   닫든

이렇게 읽어요   [닫은] | [다든]

❷

밑[믿]

힌트를 붙여요   밑을

받침을 넘겨요   밑틀

이렇게 읽어요   [미틀] | [미들]

2. 바르게 쓰는 방법을 살펴보고 글자를 바르게 쓰세요.

이렇게 들렸어요 　　[부터라]

받침 자리로 가져와요 　　붙어라

뒤로 넘어간 받침 ㅌ에 ㅇ 하고 앞 글자의 받침 자리로 **가져와요.**

힌트를 빼요 　　붙 어라

'붙어라'에서 '-어라'를 빼면 어떤 글자가 남나요?

이렇게 써요 　　붙 다

❶

이렇게 들렸어요 　　[쏘든]

받침 자리로 가져와요 　　쏟은

힌트를 빼요 　　□ 은

이렇게 써요 　　□ 다

❷

　　[거틀]

　　겉을

　　□ 을

　　□

셋. 바르게 읽고 쓰기

1. 받침이 무엇인지 생각하며 글자를 바르게 쓰세요.

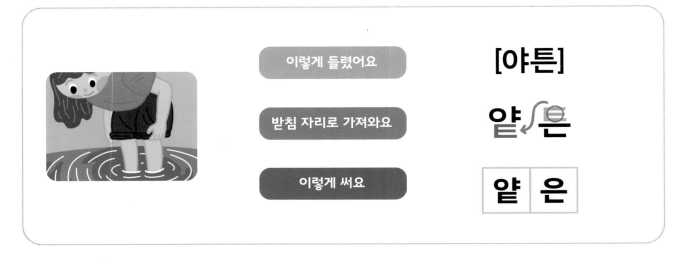

이렇게 들렸어요   [야튼]

받침 자리로 가져와요   얕은

이렇게 써요   얕 은

①  [무 더 서]
   | | 어 | 서 |

② [도 다 서]
   | | 아 | 서 |

③ [쏘 다 서]
   | | 아 | 서 |

④  [바 까 테 서]
   | | | 에 | 서 |

⑤ [바 테]
   | | 에 |

⑥ [파 트 로]
   | | 으 | 로 |

'에' 같은 말을 조사라고 하고, '-아서/-어서' 같은 말을 어미라고 해요.
모음으로 시작하는 조사나 어미는 앞 글자의 받침이 어떤 소리가 나는지 알려 주는 힌트가 돼요.

2. 어구와 문장을 소리 내어 읽고 색칠한 부분을 바르게 쓰세요.

소리 내어 읽어요	[소 틀] 씻어요.	소리 내어 읽어요	[가 마 솥] 요리
이렇게 써요	솥 을 씻어요.	이렇게 써요	가 마 솥 요려

---

❶ 책을 [거 더 요].

책을 ⬜⬜ .

❺ 음악 [듣 끼]

음악 ⬜⬜

❷ [구 든] 결심을 했어.

⬜⬜ 결심을 했어.

❻ 자세가 [곧 따].

자세가 ⬜⬜ .

❸ [야 튼] 물에서

⬜⬜ 물에서

❼ [믿 쭐] 그어요.

⬜⬜ 그어요.

❹ [겨 테] 머물러요.

⬜⬜ 머물러요.

❽ 꽉 [붇 짭 꼬] 기다려.

꽉 ⬜⬜⬜ 기다려.

넷. 알맞은 낱말 고르고 바르게 쓰기

1. 알맞은 낱말에 ○ 하고 그 낱말을 소리 내어 읽어 보세요.
   그리고 글자를 바르게 쓰세요.

❶ 짇어지다 │ (짙어지다) | 짙 | 어 | 지 | 다 |

❷ 받다 │ 밭다 | | 다 |

❸ 닫다 │ 닽다 | | 다 |

❹ 뱐다 │ 뱥다 | | 다 |

❺ 흗다 │ 흩다 | | 다 |

❻ 바깐 │ 바깥 | 바 | |

68

2. 알맞은 낱말에 ○ 하고 완성된 어구와 문장을 소리 내어 읽어 보세요.
그리고 글자를 바르게 쓰세요.

❶ 텃받 (텃밭) 에서 상추가 쑥쑥 자라요.

텃	밭

❷ 내 말 좀 **믿어 | 밑어** 줘.

	어

❸ 그 연필은 **낫개 | 낱개** 로 포장되어 있어.

	개

❹ 중요한 부분에 **믿줄 | 밑줄** 그으며 공부해.

	줄

❺ 두 손으로 공손하게 **받아요 | 밭아요** .

	아	요

❻ 너무 추워서 소름이 **돋아요 | 돛아요** .

	아	요

❼ 강아지가 풀 냄새를 **맏아요 | 맡아요** .

	아	요

❽ 딱 **붇어서 | 붙어서** 안 떨어져.

	어	서

불러 주는 말을 잘 듣고 받아쓰세요.

❶ 믿 음

❷

❸

❹

❺

❻

❼

❽

❾

❿

⓫

⓬

⓭

⓮

⓯

⓰

여섯. 문장 받아쓰기

불러 주는 말을 잘 듣고 받아쓰세요.

❶ | 설 | 탕 | 을 | ∨ | 쏟 | 아 | 부 | 어 | 요 | . |

❷ | | | | ∨ | | | ∨ | | . |

❸ | | | | ∨ | | | | ∨ | | | . |

❹ | | | | ∨ | | | | ∨ | | | | . |

❺ | | | ∨ | | | ∨ | | | ∨ | | | . |

❻ | | | | | ∨ | | | ∨ | | | . |

❼ | | | ∨ | | | ∨ | | | ∨ | | | . |

❽ | | | | ∨ | | | | ∨ | | . |

● 낱말과 어구

1

2

3

4

5

6

7

8

9

10

11

12

13

14

15

16

● 문장

①

②

③

④

⑤

⑥

⑦

⑧

받아쓰기 ③

받침 'ㄷ, ㅌ'이 'ㅈ, ㅊ' 소리가 나요

하나. 소리와 글자 구별하기

1. 밑줄 친 부분을 소리 내어 읽고 알맞은 그림과 연결하세요.

우리 **같이** 청소하자!

보석보다 **가치** 있는 우정이구나!

가치 •

•

같이 •

•

2. 밑줄 친 부분을 두 가지 방법으로 읽어 보세요.

<u>가치</u> 있는 보석

이어서 읽어 볼까요?

[가치]

↓

한 글자씩 읽어 볼까요?

[가] [치]

친구들과 <u>같이</u> 가요.

이어서 읽어 볼까요?

[가치]

↓

한 글자씩 읽어 볼까요?

[같] [이]

받침 ㅌ은
ㄷ[읃] 소리가 나요.

'가치'는 이어서 읽을 때와 한 글자씩 읽을 때의 소리가 같아요.
'같이'는 이어서 읽을 때와 한 글자씩 읽을 때의 소리가 달라요.
글씨를 쓸 때는 **한 글자씩** 읽을 때의 소리를 생각해요.

77

1. 바르게 읽는 방법을 살펴보고 알맞게 읽은 소리에 ○ 하세요.

붙이다

소리가 바뀌어요　　붙이다　　받침 ㅌ과 '이'가 만나서 [치] 소리가 나요.

이렇게 읽어요　　[부티다] | [부치다]　　글자를 자연스럽게 이어서 읽어요.

읽을 때는 소리가 바뀌어요.

❶

솥이

소리가 바뀌어요　　솥이

이렇게 읽어요　　[솓이] | [소치]

❷

맏이

소리가 바뀌어요　　맏이

이렇게 읽어요　　[마디] | [마지]

받침 ㄷ과 '이'가 만나서 [지] 소리가 나요.

78

2. 바르게 쓰는 방법을 살펴보고 글자를 바르게 쓰세요.

이렇게 들렸어요 · [부치다]

바뀐 소리를 되돌려요 · 부+ㅌ 이 다

'치'를 받침 ㅌ과 '이'로 **되돌려요.**

이렇게 써요 · 붙 이 다

쓸 때는 바뀐 소리를 되돌려요.

❶

이렇게 들렸어요 · [바치]

바뀐 소리를 되돌려요 · 바+ㅌ 이

이렇게 써요

❷

[턱바지]

턱 바+ㄷ 이

'지'를 받침 ㄷ과 '이'로 **되돌려요.**

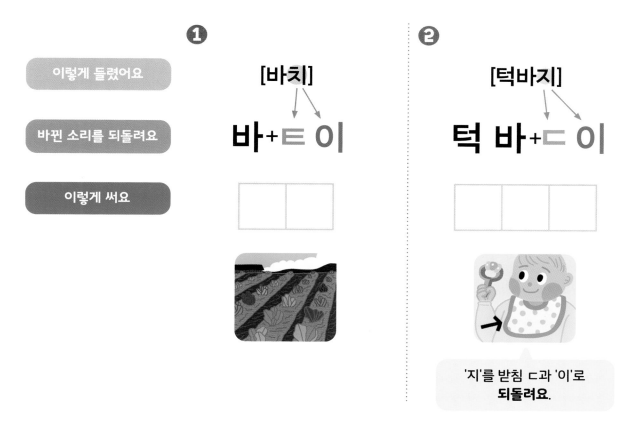

셋. 바르게 읽고 쓰기

1. 어떤 낱말의 발음인지 생각하며 글자를 바르게 쓰세요.

❶

[부 치 다]

		다

❹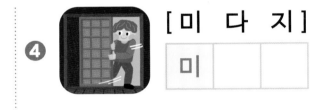

[미 다 지]

미		

❷

[쇠 부 치]

쇠		

❺

[등 바 지]

등		

❸

[똑 가 치]

똑		

❻

[턱 바 지]

턱		

2. 어구와 문장을 소리 내어 읽고 색칠한 부분을 바르게 쓰세요.

> 소리 내어 읽어요   나랑 [가 치] 가자.
>
> 이렇게 써요   나랑 | 같 | 이 | 가자.

❶ 언제나 [한 결 가 치]

언제나 | | | | |

❷ [쏜 살 가 치] 달려가다.

| | | | | 달려가다.

❸ [삳 싸 치] 뒤지다.

| 샅 | | | 뒤지다.

❹ [난 나 치] 보다.

| 낱 | | | 보다.

❺ [구 지] 같이 가쟤.

| | | 같이 가쟤.

❻ [여 다 지] 문이야.

| | | | 문이야.

❼ [가 을 거 지]한 곡식

| | | | | 한 곡식

❽ 나는 우리 집 [마 지]야.

나는 우리 집 | | | 야.

81

넷. 알맞은 낱말 고르고 바르게 쓰기

1. 알맞은 낱말에 ○ 하고 그 낱말을 소리 내어 읽어 보세요.
   그리고 글자를 바르게 쓰세요.

① **(해돋이)** | 해돌이 　　| 해 | 돋 | 이 |

② 등받이 | 등밭이 　　| 등 | | 이 |

③ 붙이다 | 붓이다 　　| | 이 | 다 |

④ 똑갇이 | 똑같이 　　| 똑 | | 이 |

⑤ 쇠붓이 | 쇠붙이 　　| 쇠 | | 이 |

⑥ 미닫이 | 미닽이 　　| 미 | | 이 |

82

2. 알맞은 낱말에 ○ 하고 완성된 어구와 문장을 소리 내어 읽어 보세요.
그리고 글자를 바르게 쓰세요.

❶ (맏이) | 마지 구나. 막내는 어디 있니?　　　| 맏 | 이 |

❷ 아궁이에 **솥이** | **소치** 걸려 있어요.　　　|　|　|

❸ 이제 정말 **끄치다** | **끝이다** .　　　|　|　다 |

❹ 가방을 **샅사치** | **샅샅이** 뒤지다.　　　| 샅 |　|　|

❺ 매워서 코 **밑이** | **미치** 아려 와!　　　|　|　|

❻ 언제나 **한결가치** | **한결같이** 함께할게!　　　| 한 | 결 |　|　|

❼ **낱낱이** | **낱낱치** 알아내자.　　　| 낱 |　|　|

❽ 열매의 속과 **겉이** | **거치** 다르네.　　　|　|　|

불러 주는 말을 잘 듣고 받아쓰세요.

❶ | 의 | 자 | ∨ | 등 | 받 | 이 |

❷ | | | ∨ | | | |

❸ | | | |

❹ | | | |

❺ | | | |

❻ | | | | |

❼ | | | | | |

❽ | | | |

불러 주는 말을 잘 듣고 받아쓰세요.

❶ | 악 | 착 | 같 | 이 | ∨ | 쫓 | 아 | 가 | 자 | . |

❷ | | | ∨ | | ∨ | | | | . |

❸ | | | ∨ | | | ∨ | | | . |

❹ | | | | ∨ | | | ∨ | | . |

❺ | | | ∨ | | ∨ | | | . |

❻ | | | ∨ | | | ∨ | | | . |

❼ | | ∨ | | ∨ | | ∨ | | . |

❽ | | ∨ | | | ∨ | | ∨ | | ? |

'나' 소리가 덧나요

하나. 소리와 글자 구별하기

1. 밑줄 친 부분을 소리 내어 읽고 알맞은 그림과 연결하세요.

두세 입 •

한입 •

2. 밑줄 친 부분을 두 가지 방법으로 읽어 보세요.

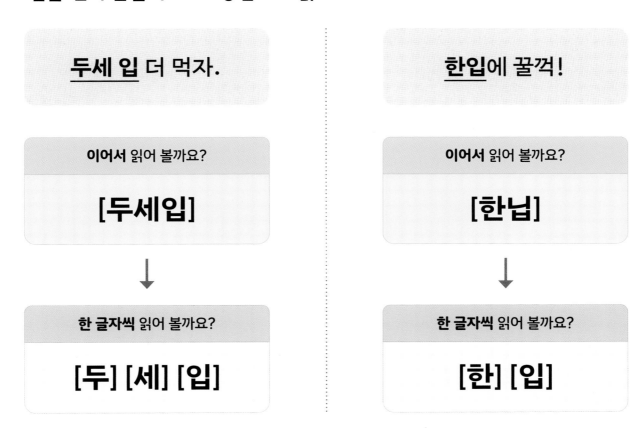

<u>**두세 입**</u> 더 먹자.	<u>**한입**</u>에 꿀꺽!
이어서 읽어 볼까요?	**이어서** 읽어 볼까요?
[두세입]	[한닙]
↓	↓
한 글자씩 읽어 볼까요?	**한 글자씩** 읽어 볼까요?
[두] [세] [입]	[한] [입]

'두세 입'은 이어서 읽을 때와 한 글자씩 읽을 때의 소리가 같아요.
'한입'은 이어서 읽을 때와 한 글자씩 읽을 때의 소리가 달라요.
글씨를 쓸 때는 **한 글자씩** 읽을 때의 소리를 생각해요.

둘. 바르게 읽고 쓰는 법 알기

1. 바르게 읽는 방법을 살펴보고 알맞게 읽은 소리에 ○ 하세요.

정열

정 열

소리가 덧나요

받침 뒤에 ㅇ이 오면
ㄴ[느] 소리가 **덧나요**.

이렇게 읽어요

[정열] | [정녈]

글자를 자연스럽게
이어서 읽어요.

읽을 때는 ㄴ 소리가 덧나요.

❶

담요

담 요

소리가 덧나요

이렇게 읽어요

[담요] | [담뇨]

❷

콩엿

콩 엳

[콩엳] | [콩녇]

받침 ㅅ은 ㄷ[읃]
소리가 나요.

2. 바르게 쓰는 방법을 살펴보고 글자를 바르게 쓰세요.

이렇게 들렸어요	[정녈]	
덧난 소리를 빼요	정 ⬤열	ㄴ을 빼고 ㅇ을 써요.
이렇게 써요	정 열	한 글자씩 읽을 때의 소리대로 써요.

쓸 때는 덧난 소리를 빼요.

❶ ❷

이렇게 들렸어요	[한녀름]	[태평냥]
덧난 소리를 빼요	한 ⬤여 름	태 평 ⬤양
이렇게 써요		

셋. 바르게 읽고 쓰기

1. 어떤 낱말의 발음인지 생각하며 글자를 바르게 쓰세요.

이렇게 들렸어요   [맨닙]

덧난 소리를 빼요   맨입

이렇게 써요 | 맨 | 입 |

❶  [담 뇨]

❷  [눈 냑]

❸  [학 쌩 농]
| 학 | 생 | |

❹  [논 닐]

❺  [밤 년]

❻  [생 년 필]
| 색 | | 필 |

2. 어구와 문장을 소리 내어 읽고 색칠한 부분을 바르게 쓰세요.

> 소리 내어 읽어요   [투 명 한 뉴 리]
>
> 이렇게 써요 | 투 | 명 | 한 | ∨ | 유 | 리 |

❶ [둥 근   연 필]

| | | ∨ | | |

❺ [큰   녁] 앞에

| | ∨ | | 앞에

❷ [안   녈 리 다].

| | ∨ | | | .

❻ [힘 든   녀 행]

| | | ∨ | | |

❸ [무 더 운   녀 름]

| | | | ∨ | |

❼ [달 콤 한   녓]

| | | | ∨ | |

❹ [차 칸   닐] 하기

| | | ∨ | | 하기

❽ [푸 른   니 플] 따.

| | | ∨ | | 따.

넷. 알맞은 낱말 고르고 바르게 쓰기

1. 알맞은 낱말에 ○ 하고 그 낱말을 소리 내어 읽어 보세요.
   그리고 글자를 바르게 쓰세요.

① (식용유) | 식용뉴 | 식 | 용 | 유 |

② 솜이불 | 솜니불 | 솜 | | 불 |

③ 단풍잎 | 단풍닙 | 단 | 풍 | |

④ 태평양 | 태평냥 | 태 | 평 | |

⑤ 배낭녀행 | 배낭여행 | 배 | 낭 | | 행 |

⑥ 꼰잎 | 꽃잎 | | 잎 |

2. 알맞은 낱말에 ○ 하고 완성된 어구와 문장을 소리 내어 읽어 보세요.
그리고 글자를 바르게 쓰세요.

❶ (집안일) 집안닐 은 힘들어요.

집	안	일

❷ 학생용 | 학생뇽 승차권 한 장 주세요.

학	생	

❸ 맨닙 | 맨입 으로 부탁하면 안 되지.

맨	

❹ 늦녀름 | 늦여름 에 장마가 시작됐어.

늦		름

❺ 저기 오는 여자 | 녀자 가 내 동생이야.

	자

❻ 감잎 | 감닢 으로 차를 만들어요.

감	

❼ 엄마의 마흔녀섯 | 마흔여섯 번째 생신

마	흔		섯

❽ 쉬운 일 | 쉬운 닐 은 아니에요.

쉬	운	∨	

다섯. 낱말과 어구 받아쓰기

불러 주는 말을 잘 듣고 받아쓰세요.

❶ | 어 | 떤 | ∨ | 일 |

❷ | | | | ∨ | | |

❸ | | | | ∨ | | | |

❹ | | | |

❺ | | | | ∨ | | |

❻ | | | | ∨ | | | |

❼ | | | ∨ | |

❽ | | | | | | ∨ | | |

여섯. 문장 받아쓰기

불러 주는 말을 잘 듣고 받아쓰세요.

❶ | 무 | 슨 | ∨ | 일 | 이 | 야 | ? |

❷

❸

❹

❺

❻

❼

❽

2주 3일

'르' 소리가 덧나요

하나. 소리와 글자 구별하기

1. 밑줄 친 부분을 소리 내어 읽고 알맞은 그림과 연결하세요.

가루약 •   •

물약 •   •

96

2. 밑줄 친 부분을 두 가지 방법으로 읽어 보세요.

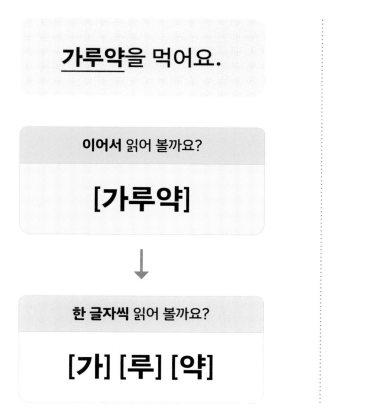

가루약을 먹어요.

이어서 읽어 볼까요?

[가루약]

↓

한 글자씩 읽어 볼까요?

[가] [루] [약]

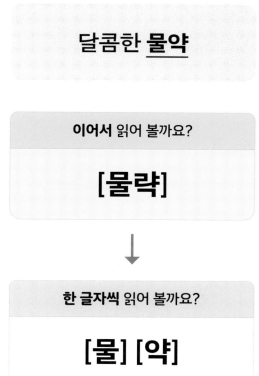

달콤한 **물약**

이어서 읽어 볼까요?

[물략]

↓

한 글자씩 읽어 볼까요?

[물] [약]

'가루약'은 이어서 읽을 때와 한 글자씩 읽을 때의 소리가 같아요.
'물약'은 이어서 읽을 때와 한 글자씩 읽을 때의 소리가 달라요.
글씨를 쓸 때는 **한 글자씩** 읽을 때의 소리를 생각해요.

둘. 바르게 읽고 쓰는 법 알기

1. 바르게 읽는 방법을 살펴보고 알맞게 읽은 소리에 ○ 하세요.

알약

소리가 덧나요 · 알 ^ㄹ약 · 받침 ㄹ 뒤에 ㅇ이 오면 ㄹ[르] 소리가 덧나요.

이렇게 읽어요 · [알략] | [알냑] · 글자를 자연스럽게 이어서 읽어요.

읽을 때는 ㄹ 소리가 덧나요.

❶

물약

소리가 덧나요 · 물 ^ㄹ약

이렇게 읽어요 · [물략] | [물냑]

❷

길옆

길 ^ㄹ엽

[길렵] | [길녑]

받침 ㅍ은 ㅂ[읍] 소리가 나요.

2. 바르게 쓰는 방법을 살펴보고 글자를 바르게 쓰세요.

이렇게 들렸어요 · [알략]

덧난 소리를 빼요 · 알 약 · ㄹ을 빼고 ㅇ을 써요.

이렇게 써요 · 알 약 · 한 글자씩 읽을 때의 소리대로 써요.

쓸 때는 덧난 소리를 빼요.

❶

이렇게 들렸어요 · [물리끼]

덧난 소리를 빼요 · 물 ㄹ 끼

이렇게 써요

❷

[물렵]

물 엽

셋. 바르게 읽고 쓰기

1. 어떤 낱말의 발음인지 생각하며 글자를 바르게 쓰세요.

이렇게 들렸어요			[올려름]
덧난 소리를 빼요			올여름
이렇게 써요			올 여 름

 ❶ [지 하 철 력]

지	하		

 ❹ [들 릴]

 ❷ [휘 발 류]

휘		

 ❺ [전 철 력]

전		

 ❸ [물 략]

 ❻ [스 물 려 섯]

스		섯

100

2. 어구와 문장을 소리 내어 읽고 색칠한 부분을 바르게 쓰세요.

소리 내어 읽어요 [함 께 할 　 릴]도 얼마 안 남았어.

이렇게 써요 | 함 | 께 | 할 | ∨ | 일 |도 얼마 안 남았어.

❶ [내 릴 　 려 기 야].

| | | ∨ | | | | .

❷ [볼 리 리] 있어.

| | | | 있어.

❸ 깜짝 [놀 랄 　 릴]

깜짝 | | | ∨ | |

❹ [덜 　 리 근] 과일

| | ∨ | | | 과일

❺ 내가 [할 　 릴]

내가 | | ∨ | |

❻ [바 뀔 　 류 행]

| | | ∨ | |

❼ [솔 립] 깔기

| | | 깔기

❽ [돌 　 렵] 이끼

| | ∨ | | 이끼

넷. 알맞은 낱말 고르고 바르게 쓰기

1. 알맞은 낱말에 ○ 하고 그 낱말을 소리 내어 읽어 보세요.
그리고 글자를 바르게 쓰세요.

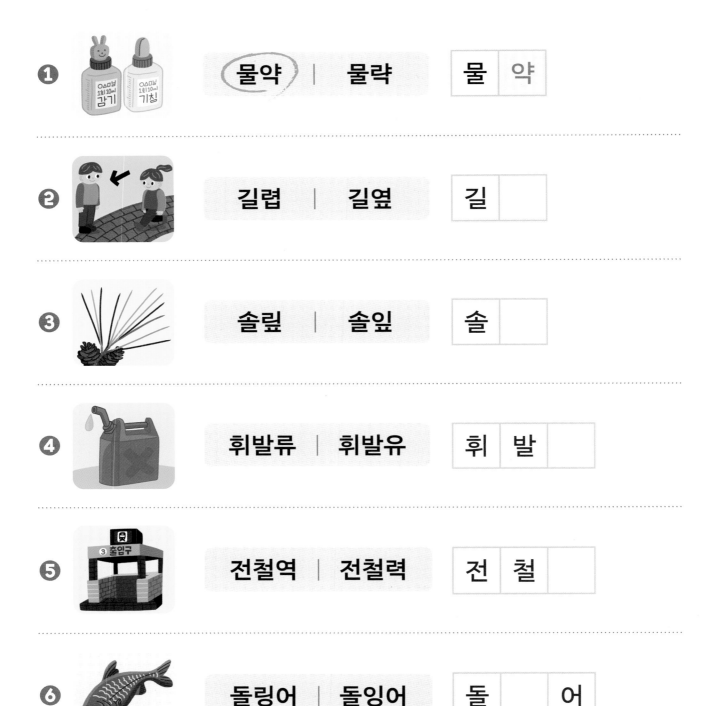

❶ (물약) | 물략 　 | 물 | 약 |

❷ 길렵 | 길옆 　 | 길 | |

❸ 솔맆 | 솔잎 　 | 솔 | |

❹ 휘발류 | 휘발유 　 | 휘 | 발 | |

❺ 전철역 | 전철력 　 | 전 | 철 | |

❻ 돌링어 | 돌잉어 　 | 돌 | | 어 |

2. 알맞은 낱말에 ○ 하고 완성된 어구와 문장을 소리 내어 읽어 보세요.
그리고 글자를 바르게 쓰세요.

❶ (설익은) 설릭은 열매는 먹으면 안 돼!

설	익	은

❷ **별일** | **별릴** 아니니까 걱정 마요.

별	

❸ **볼릴** | **볼일** 이 생겨서 먼저 가 볼게요.

볼	

❹ **펼쳐질 일** | **펼쳐질 릴** 이 기대돼!

펼	쳐	질	∨	

❺ 산에 가면 **솔리끼** | **솔이끼** 를 볼 수 있어.

솔		끼

❻ 우리 형은 **열여섯** | **열려섯** 살이에요.

열		섯

❼ 우리가 **지킬 역사** | **지킬 력사**

지	킬	∨	

❽ **지하철역** | **지하철력** 까지 달려가요.

지	하	철

다섯. 낱말과 어구 받아쓰기

불러 주는 말을 잘 듣고 받아쓰세요.

❶ | 덜 | ∨ | 익 | 은 |

❷

❸

❹

❺

❻

❼

❽

104

여섯. 문장 받아쓰기

불러 주는 말을 잘 듣고 받아쓰세요.

❶ | 별 | 일 | ∨ | 아 | 니 | 네 | . |

❷ | | | | ∨ | | ∨ | | | . |

❸ | | | | ∨ | | | ∨ | | | . |

❹ | | | | ∨ | | | ∨ | | | . |

❺ | | | | ∨ | | | ∨ | | | . |

❻ | | | | ∨ | | | ∨ | | | . |

❼ | | | ∨ | | | | ∨ | | | . |

❽ | | | | ∨ | | | ∨ | | . |

'ㅅ' 받침을 써요 1

하나. 소리와 글자 구별하기

1. 밑줄 친 부분을 소리 내어 읽고 알맞은 그림과 연결하세요.

내가
<u>냇가</u>에 갈래.

[내까]?

[낻까]?

[내가]?

내가 •

냇가 •

2. 밑줄 친 부분을 두 가지 방법으로 읽어 보세요.

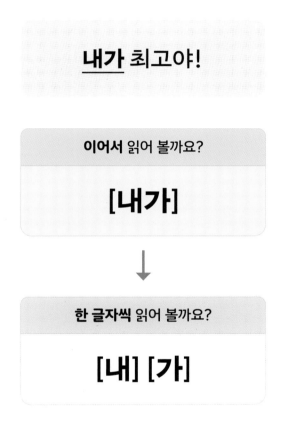

내가 최고야!

이어서 읽어 볼까요?

[내가]

↓

한 글자씩 읽어 볼까요?

[내] [가]

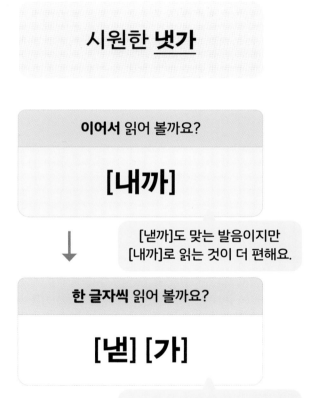

시원한 **냇가**

이어서 읽어 볼까요?

[내까]

↓

[낻까]도 맞는 발음이지만
[내까]로 읽는 것이 더 편해요.

한 글자씩 읽어 볼까요?

[낻] [가]

받침 ㅅ은
ㄷ[을] 소리가 나요.

'내가'는 이어서 읽을 때와 한 글자씩 읽을 때의 소리가 같아요.
'냇가'는 이어서 읽을 때와 한 글자씩 읽을 때의 소리가 달라요.
글씨를 쓸 때는 **한 글자씩** 읽을 때의 소리를 생각해요.

둘. 바르게 읽고 쓰는 법 알기

1. 바르게 읽는 방법을 살펴보고 알맞게 읽은 소리에 ○ 하세요.

낸가

된소리가 나요   낸⌒가   받침 ㅅ을 뒤로 넘겨서 ㄱ을 된소리로 만들어요.

이렇게 읽어요   [내까] | [내가]   글자를 자연스럽게 이어서 읽어요.

읽을 때는 된소리가 나요.

❶   ❷

샛길   콧등

된소리가 나요   샌⌒길   콧⌒등

이렇게 읽어요   [새낄] | [새길]   [코등] | [코뜽]

2. 바르게 쓰는 방법을 살펴보고 글자를 바르게 쓰세요.

이렇게 들렸어요	[내까]
사이시옷을 써요	냇가
이렇게 써요	냇 가

ㄲ의 첫 ㄱ을 ㅅ으로 만들어서 받침 자리로 보내요.

쓸 때는 사이시옷을 써요.

①

이렇게 들렸어요	[초뿔]
사이시옷을 써요	촛불
이렇게 써요	

②

[해쌀]

햇살

셋. 바르게 읽고 쓰기

1. 어떤 낱말의 발음인지 생각하며 글자를 바르게 쓰세요.

이렇게 들렸어요 **[기빨]**

사이시옷을 써요 **깃　빨**

이렇게 써요 **깃　발**

 **[회　쑤]**

❶

 **[저　까　락]**

❹ | | 락

 **[코　때]**

❷

 **[바　다　까]**

❺ 바

 **[매　똘]**

❸

 **[고　기　꾹]**

❻ 고

2. 어구와 문장을 소리 내어 읽고 색칠한 부분을 바르게 쓰세요.

소리 내어 읽어요　　[미 수 까 루]는 몸에 좋아.

이렇게 써요　　| 미 | 숫 | 가 | 루 | 는 몸에 좋아.

❶ [수 짜]를 세자!

| | | 를 세자!

❷ [새 낄]로 걸어가면

| | | 로 걸어가면

❸ 깨문 [이 짜 국]

깨문 | | | |

❹ [혀 빠 닥]이 아파요.

| | | | 이 아파요.

❺ [체 빠 퀴] 굴리는 다람쥐

| | | | 굴리는 다람쥐

❻ [나 무 까 지]에 돋은 새싹

| | | | | 에 돋은 새싹

❼ 흥겨운 [노 래 까 락]

흥겨운 | | | | |

❽ 매콤한 [고 추 까 루]

매콤한 | | | | |

넷. 알맞은 낱말 고르고 바르게 쓰기

1. 알맞은 낱말에 ○ 하고 그 낱말을 소리 내어 읽어 보세요.
그리고 글자를 바르게 쓰세요.

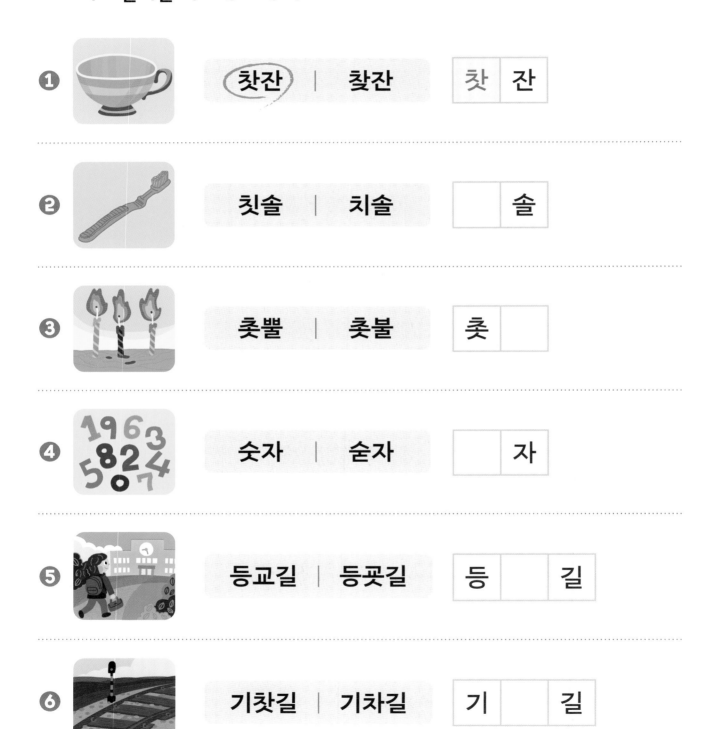

① (찻잔) | 찰잔   찻 잔

② 칫솔 | 치솔   [ ] 솔

③ 촛뿔 | 촛불   촛 [ ]

④ 숫자 | 숟자   [ ] 자

⑤ 등교길 | 등굣길   등 [ ] 길

⑥ 기찻길 | 기차길   기 [ ] 길

2. 알맞은 낱말에 ○ 하고 완성된 어구와 문장을 소리 내어 읽어 보세요.
그리고 글자를 바르게 쓰세요.

❶ (샛길) 새길 로 가자.

샛	길

❷ 등대가 **배길** | **뱃길** 을 안내해요.

	길

❸ **횃불** | **홰불** 을 들고 나타난 산적

	불

❹ **윗집** | **위집** 과 사이가 좋아요.

	집

❺ **코등** | **콧등** 이 빨갛다.

	등

❻ 조용하게 **귓속말** | **귀속말** 로 말해 줘.

	속	말

❼ 오두막에서 **하룻밤** | **하루밤** 을 보내다.

하		밤

❽ 저 집은 **부자집** | **부잣집** 이야.

부		집

113

다섯. 낱말과 어구 받아쓰기

불러 주는 말을 잘 듣고 받아쓰세요.

❶ | 횟 | 수 |

❷ | | | |

❸ | | | |

❹ | | | |

❺ | | | |

❻ | | | | ∨ | | | |

❼ | | |

❽ | | | | | ∨ | | | |

불러 주는 말을 잘 듣고 받아쓰세요.

❶ | 외 | 갓 | 집 | 에 | ∨ | 김 | 칫 | 독 | 이 | ∨ | 있 | 다 | . |

❷

❸

❹

❺

❻

❼

❽

'ㅅ' 받침을 써요 2

하나. 소리와 글자 구별하기

1. 밑줄 친 부분을 소리 내어 읽고 알맞은 그림과 연결하세요.

빗물 통이 꽉 찼어!

빈 물통이 꽉 찼다고? 그게 무슨 말이지?

빗물 통 ·

·

빈 물통 ·

2. 밑줄 친 부분을 두 가지 방법으로 읽어 보세요.

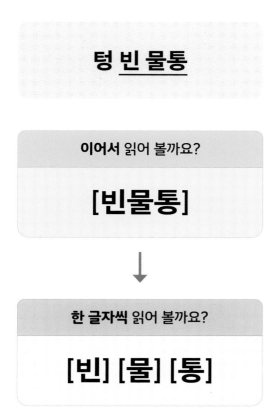

텅 <u>빈 물통</u>

이어서 읽어 볼까요?

[빈물통]

↓

한 글자씩 읽어 볼까요?

[빈] [물] [통]

꽉 찬 <u>빗물 통</u>

이어서 읽어 볼까요?

[빈물통]

↓

한 글자씩 읽어 볼까요?

[빋] [물] [통]

받침 ㅅ은
ㄷ[읃] 소리가 나요.

'빈 물통'은 이어서 읽을 때와 한 글자씩 읽을 때의 소리가 같아요.
'빗물 통'은 이어서 읽을 때와 한 글자씩 읽을 때의 소리가 달라요.
글씨를 쓸 때는 **한 글자씩** 읽을 때의 소리를 생각해요.

둘. 바르게 읽고 쓰는 법 알기

1. 바르게 읽는 방법을 살펴보고 알맞게 읽은 소리에 ○ 하세요.

빗물

소리가 바뀌어요

빗물

받침 ㅅ은 ㄷ[읃]
소리가 나요.
ㄷ[읃] 소리가 ㅁ과
만나면 ㄴ[은] 소리로
바뀌어요.

이렇게 읽어요

[빈물] | [빗물]

글자를 자연스럽게
이어서 읽어요.

읽을 때는 소리가 바뀌어요.

❶

콧날

소리가 바뀌어요

콧날

이렇게 읽어요

[콘날] | [코날]

❷

잇몸

잇몸

[인몸] | [이몸]

2. 바르게 쓰는 방법을 살펴보고 글자를 바르게 쓰세요.

이렇게 들렸어요   [빈물]

사이시옷을 써요   빗물   ㄴ을 빼고 ㅅ을 써요.

이렇게 써요 | 빗 | 물 |

쓸 때는 사이시옷을 써요.

이렇게 들렸어요   [뒨면]

사이시옷을 써요   뒷면

이렇게 써요 | | |

뱃일[밴닐], 숫양[순냥],
깻잎[깬닙]처럼
사이시옷 때문에 ㄴ 소리가
덧나는 낱말도 있어요.
함께 외워 보아요.

셋. 바르게 읽고 쓰기

1. 어떤 낱말의 발음인지 생각하며 글자를 바르게 쓰세요.

이렇게 들렸어요 　[콘물]

사이시옷을 써요 　콧물

이렇게 써요 　| 콧 | 물 |

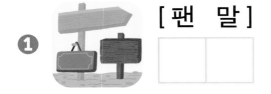
❶ [팯 말]
| | |

❹ [혼 잔 말]
| 혼 | | |

❷ [훈 날]
| | |

❺ [아 랜 마 을]
| 아 | | | 을 |

❸ [윈 니]
| | |

❻ [나 문 닙]
| 나 | | 잎 |

2. 어구와 문장을 소리 내어 읽고 색칠한 부분을 바르게 쓰세요.

> 소리 내어 읽어요   [옌 날]에 살던 집
>
> 이렇게 써요 | 옛 | 날 | 에 살던 집

❶ [뒨 문]을 닫아요.

　| | | 을 닫아요.

❷ 날렵한 [콘 날]

　날렵한 | | |

❸ [낸 물]이 졸졸졸

　| | | 이 졸졸졸

❹ [존 댄 말]을 사용하자!

　| | | | 을 사용하자!

❺ [수 돈 물]을 꽉 잠그다.

　| | | | 을 꽉 잠그다.

❻ [콘 노 래]를 부르다.

　| | | | 를 부르다.

❼ [밴 머 리]를 돌려라!

　| | | | 를 돌려라!

❽ [바 단 물]이 짜다.

　| | | | 이 짜다.

넷. 알맞은 낱말 고르고 바르게 쓰기

1. 알맞은 낱말에 ○ 하고 그 낱말을 소리 내어 읽어 보세요.
그리고 글자를 바르게 쓰세요.

① (빗물) | 비물 → | 빗 | 물 |

② 낸물 | 냇물 → | | 물 |

③ 윈문 | 윗문 → | | 문 |

④ 베갯잇 | 베개닛 → | 베 | | |

⑤ 혼자말 | 혼잣말 → | 혼 | | 말 |

⑥ 고춧잎 | 고추잎 → | 고 | | 잎 |

2. 알맞은 낱말에 ○ 하고 완성된 어구와 문장을 소리 내어 읽어 보세요.
그리고 글자를 바르게 쓰세요.

❶ 먼 (훗날) 후날 에 기억해 줘.

훗	날

❷ 도화지 **뒷면** | **뒤면** 에 다시 그려요.

	면

❸ 계곡 **윈물** | **윗물** 이 깨끗해요.

	물

❹ **옛날** | **옌날** 옛적 호랑이 살던 시절

	날

❺ 맛있는 **깻잎쌈** | **깻닢쌈** 을 싸요.

깻		쌈

❻ **아랫입술** | **아랜입술** 을 깨물며

아		입	술

❼ **위입술** | **윗입술** 이 빨개요.

	입	술

❽ **허드렛일** | **허드레일** 을 도와요.

허	드		일

다섯. 낱말과 어구 받아쓰기

불러 주는 말을 잘 듣고 받아쓰세요.

❶ | 허 | 드 | 렛 | 일 |

❷ | | | | |

❸ | | | |

❹ | | | |

❺ | | |

❻ | | | | ∨ | | | |

❼ | | |

❽ | | |

불러 주는 말을 잘 듣고 받아쓰세요.

❶ | 옛 | 날 | 이 | 야 | 기 | ∨ | 해 | ∨ | 주 | 세 | 요 | . |

❷

❸

❹

❺

❻

❼

❽

● 낱말과 어구

① 　| | |

② 　| | |

③ 　| | | |

④ 　| | | |

⑤ 　| | | |

⑥ 　| | | | |

⑦ 　| | | | |

⑧ 　| | | | |

⑨ 　| | | | | |

⑩ 　| | | | |

⑪ 　| | | | ∨ | | |

⑫ 　| | | | |

⑬ 　| | | ∨ | | | |

⑭ 　| | | | ∨ | |

⑮ 　| | | |

⑯ 　| | | ∨ | | | ∨ | |

● **문장**

①

②

③

④

⑤

⑥

⑦

⑧

정답

하나. 소리와 글자 구별하기

22쪽

입

잎

둘. 바르게 읽고 쓰는 법 알기

24쪽

[여베] | [여페]   [가파요] | [가바요]

25쪽

| 짚 에 | 깊 어요 |
| 짚 | 깊 다 |

셋. 바르게 읽고 쓰기

26쪽

❶ 덮 어   ❹ 무 릎 에
❷ 엎 어   ❺ 헝 겊 으 로
❸ 높 아   ❻ 옆 으 로

27쪽

❶ 잎 을 잔뜩 따자.   ❺ 높 게 올라가자.
❷ 은혜 갚 은 까치   ❻ 엎 지 르 면 어떡해!
❸ 깊 으 니 까 조심해.   ❼ 카 레 덮 밥 먹고 싶어!
❹ 지팡이를 짚 어 요 .   ❽ 무 릎 뼈 가 아파서

넷. 알맞은 낱말 고르고 바르게 쓰기

28쪽

❶ 입 잎   ❷ 앞으로 아프로   ❸ 엽구리 옆구리
❹ 늡지대 늦지대   ❺ 덥다 덮다   ❻ 깁다 깊다

조금 더 공부해요   엎드리다, 뒤덮다

29쪽

❶ 은혜 갑은 갚은 까치
❷ 집 짚 으로 만든 집 짚
❸ 과자가 먹고 시퍼요 싶어요 .
❹ 싱싱하고 푸른 입사귀 잎사귀
❺ 날씨가 너무 덥다 덮다 .
❻ 무릅 무릎 이 시려요.
❼ 기억을 되집어 되짚어
❽ 드놉은 드높은 하늘이에요.

다섯. 낱말과 어구 받아쓰기

30쪽

❶ 옆 에 서   ❾ 깊 은 ∨ 우 물
❷ 짚 으 로   ❿ 늪 지 대 ∨ 탐 험
❸ 덮 으 려 고   ⓫ 짚 신 ∨ 한 ∨ 켤 레
❹ 높 이 뛰 기   ⓬ 돈 가 스 덮 밥
❺ 앞 ∨ 구 르 기   ⓭ 나 무 ∨ 잎 사 귀
❻ 무 릎 에   ⓮ 푸 른 ∨ 앞 치 마
❼ 대 나 무 ∨ 숲   ⓯ 보 고 ∨ 싶 어 서
❽ 되 갚 다   ⓰ 숲 길 ∨ 산 책

여섯. 문장 받아쓰기

31쪽

❶ 옆 구 리 를 ∨ 콕 콕 ∨ 찔 러 요 .
❷ 이 불 을 ∨ 덮 어 요 .

❸ 앞 으 로 ∨ 좀 ∨ 가 ∨ 줄 래 ?

❹ 내 ∨ 돈 ∨ 빨 리 ∨ 갚 아 라 .

❺ 풀 잎 으 로 ∨ 피 리 를 ∨ 불 어 요 .

❻ 지 팡 이 를 ∨ 짚 고 ∨ 걸 어 요 .

❼ 풀 숲 에 ∨ 엎 드 려 서 ∨ 쉬 어 요 .

❽ 헝 겊 으 로 ∨ 무 릎 을 ∨ 감 싸 요 .

1주 2일 'ㄱ' 소리가 나지만 'ㄲ, ㅋ' 받침으로 써요

하나. 소리와 글자 구별하기

32쪽

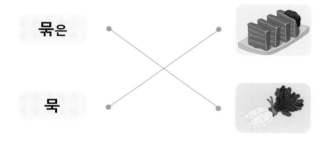

묶은

묵

둘. 바르게 읽고 쓰는 법 알기

34쪽

[겨근] [(겨끈)]   [부어게] [(부어케)]

35쪽

닦 은   새 벽 녘 에

닦 다   새 벽 녘

셋. 바르게 읽고 쓰기

36쪽

❶ 섞 으 면   ❹ 부 엌 으 로

❷ 엮 어 서   ❺ 동 녘 에

❸ 꺾 은   ❻ 들 녘 에 서

37쪽

❶ 떡 볶 이 먹고 싶다.   ❺ 카드를 뒤 섞 자 .

❷ 백 원만 깎 아 주세요.   ❻ 해가 뜨는 아 침 ∨ 녁

❸ 창문을 닦 아 요 .   ❼ 해 ∨ 질 ∨ 녘 하늘

❹ 밖 에 나가서 놀자!   ❽ 혼자서 신발 끈 묶 고 서

넷. 알맞은 낱말 고르고 바르게 쓰기

38쪽

❶ 꺽어서 (꺾어서)   ❷ 묵기 (묶기)   ❸ 역기 (엮기)

❹ 박에서 (밖에서)   ❺ 닥다 (닦다)   ❻ (저녁) 저넉

조금 더 공부해요   손톱깎이, 낚시터

39쪽

❶ 김장용 배추를 속아 (솎아) 줘요.

❷ 어려움을 격다 (겪다) .

❸ 머리 깍고 (깎고) 갈게요.

❹ 양들이 (들녘) 들녁 에 뛰논다.

❺ 새벽녁 (새벽녘) 하늘에 해가 떠요.

❻ 창박 (창밖) 에 눈이 와요.

❼ 손님들의 신발이 뒤석이다 (뒤섞이다) .

❽ 아침 녁 (아침 녘) 새들이 노래해요.

다섯. 낱말과 어구 받아쓰기

40쪽

❶ 부 엌   ❾ 닦 달 하 다

❷ 꺾 다   ❿ 동 녘 에 서

❸ 아 침 ∨ 녘   ⓫ 한 ∨ 묶 음

❹ 낚 시 터   ⓬ 오 징 어 볶 음

❺ 연 필 깎 이   ⓭ 창 문 ∨ 닦 이

❻ 머 리 ∨ 묶 기   ⓮ 콩 ∨ 섞 은 ∨ 밥

❼ 엮 은 ∨ 굴 비   ⓯ 해 ∨ 질 ∨ 녘

❽ 깎 은 ∨ 사 과   ⓰ 뒤 섞 인 ∨ 구 슬

여섯. 문장 받아쓰기

41쪽

❶ 창문 ∨ 좀 ∨ 닦아 .

❷ 동녘에서 ∨ 해가 ∨ 뜨네 .

❸ 흰머리를 ∨ 솎아 ∨ 내다 .

❹ 나무를 ∨ 꺾지 ∨ 마세요 .

❺ 어부가 ∨ 굴비를 ∨ 엮는다 .

❻ 해 ∨ 질 ∨ 녘 ∨ 노을이 ∨ 예뻐 .

❼ 새벽녘에 ∨ 창밖을 ∨ 봐 .

❽ 부엌에서 ∨ 볶음밥을 ∨ 먹자 .

1주 3일 ‘ㄷ’ 소리가 나지만
‘ㅅ, ㅆ’ 받침으로 써요

하나. 소리와 글자 구별하기

42쪽

잤다

잣

둘. 바르게 읽고 쓰는 법 알기

44쪽

[몬을] [모슬]   [봐스면] [봐쓰면]

45쪽

갓 을   왔 으면

갓   왔 다

셋. 바르게 읽고 쓰기

46쪽

❶ 씻어라   ❹ 폈으니까

❷ 붓으로   ❺ 갔어

❸ 송곳으로   ❻ 일어났어

47쪽

❶ 셋이서 나눠 먹자!   ❺ 사이 좋은 이웃끼리

❷ 더워서 옷을 벗어요 .   ❻ 고약한 잠버릇

❸ 정답을 알았어 .   ❼ 헛수고만 하고서

❹ 여기 있어 .   ❽ 멀리서 보이는 손짓

넷. 알맞은 낱말 고르고 바르게 쓰기

48쪽

❶ 이겼다 │ 이겼다   ❷ 풋사과 │ 풋사과   ❸ 옷걸이 │ 옺걸이

❹ 맛잇다 │ 맛있다   ❺ 씨앗 │ 씨았   ❻ 연못 │ 연몬

조금 더 공부해요   곳곳, 이웃집

49쪽

❶ 아침마다 머리를 빗어요 │ 빗어요 .

❷ 잘못 │ 잘몯 을 반성해요 .

❸ 무엇 │ 무얻 을 먼저 할까?

❹ 형한테 간식을 빼앗기다 │ 빼았기다 .

❺ 무슨 말인지 알겟어 │ 알겠어 .

❻ 노력해도 헛수고 │ 헛수고 야 .

❼ 꼬리빗 │ 꼬리빗 으로 가르마를 타요 .

❽ 햇과일 │ 햏과일 을 먹어요 .

다섯. 낱말과 어구 받아쓰기

50쪽

❶ 비 옷
❷ 헛 수 고
❸ 빼 앗 다
❹ 알 았 다
❺ 버 릇 처 럼
❻ 글 짓 기
❼ 이 웃 사 촌
❽ 못 됐 다

❾ 햇 밤
❿ 초 록 색 ∨ 연 못
⓫ 손 ∨ 씻 기
⓬ 뾰 족 한 ∨ 송 곳
⓭ 솟 아 났 다
⓮ 헛 짓
⓯ 첫 ∨ 번 째
⓰ 이 것 저 것

여섯. 문장 받아쓰기

51쪽

❶ 셋 이 서 ∨ 놀 자 .
❷ 내 가 ∨ 너 였 다 면 ∨ 어 땠 을 까 ?
❸ 씨 앗 을 ∨ 뿌 렸 다 .
❹ 이 제 야 ∨ 알 겠 다 .
❺ 옷 은 ∨ 옷 걸 이 에 ∨ 걸 자 .
❻ 빗 질 을 ∨ 했 다 .
❼ 무 엇 을 ∨ 잘 못 했 나 요 ?
❽ 햇 과 일 을 ∨ 가 득 ∨ 담 아 요 .

1주 4일 'ㄷ' 소리가 나지만 'ㅈ, ㅊ' 받침으로 써요

하나. 소리와 글자 구별하기

52쪽

낮 ●————————●

낯 ●————————●

둘. 바르게 읽고 쓰는 법 알기

54쪽

[빚으면서] ([비즈면서])   [유슬] ([유츨])

55쪽

늦 어서   꽃 을
늦 다   꽃

셋. 바르게 읽고 쓰기

56쪽

❶ 젖 어 서
❷ 찢 어 져 서
❸ 꽂 아 서
❹ 꽃 을
❺ 닻 을
❻ 쫓 아 서

57쪽

❶ 밤 늦 은 시간에
❷ 반갑게 맞 이 해 요 .
❸ 불 빛 이 반짝이는
❹ 돛 을 단 배
❺ 달콤한 낮 잠
❻ 알 맞 게 채워요.
❼ 뒤 쫓 던 개
❽ 아름다운 꽃 다 발

넷. 알맞은 낱말 고르고 바르게 쓰기

58쪽

❶ (맞이하다) 맞이하다 ❷ (늦잠) 늦잠 ❸ (찾다) 찿다
❹ 돛단배 (돛단배) ❺ (찢다) 찣다 ❻ (낯다) 낯다

조금 더 공부해요   꽃받침, 몇

133

59쪽

❶ 닷 (닻)을 내려라.

❷ 도둑을 쫒아라 (쫓아라)!

❸ 덧 (덫)에 걸린 쥐

❹ (벚꽃) 벗꽃 이 참 예쁘구나!

❺ 달빗 (달빛)이 영롱해요.

❻ 추석에 송편을 (빚어요) 빗어요 .

❼ (잊어버린) 잇어버린 기억

❽ 설날에는 즐거운 윳놀이 (윷놀이)

다섯. 낱말과 어구 받아쓰기

60쪽

❶ | 늦 | 잠 |

❷ | 별 | 빛 |

❸ | 곶 | 감 |

❹ | 알 | 맞 | 게 |

❺ | 꼼 | 꼼 | 이 |

❻ | 낯 | 설 | 다 |

❼ | 젖 | 병 |

❽ | 벚 | 꽃 |

❾ | 낮 | 은 | ∨ | 담 | 벼 | 락 |

❿ | 쫓 | 기 | 는 | ∨ | 사 | 람 |

⓫ | 깜 | 빡 | ∨ | 잊 | 고 | 서 |

⓬ | 달 | 맞 | 이 | ∨ | 가 | 서 |

⓭ | 꽃 | 받 | 침 |

⓮ | 아 | 기 | ∨ | 젖 | 병 |

⓯ | 덫 | 에 | ∨ | 걸 | 려 | 서 |

⓰ | 찢 | 어 | 진 | ∨ | 곳 |

여섯. 문장 받아쓰기

61쪽

❶ | 늦 | 은 | ∨ | 시 | 간 | 에 | ∨ | 잠 | 을 | ∨ | 잤 | 다 | . |

❷ | 낮 | 과 | ∨ | 밤 | 이 | ∨ | 바 | 뀌 | 었 | 다 | . |

❸ | 선 | 생 | 님 | 께 | ∨ | 갖 | 다 | ∨ | 드 | 리 | 자 | . |

❹ | 비 | ∨ | 맞 | 아 | 서 | ∨ | 옷 | 이 | ∨ | 젖 | 었 | 다 | . |

❺ | 우 | 산 | 은 | ∨ | 우 | 산 | 꽂 | 이 | 에 | ∨ | 꽂 | 자 | . |

❻ | 낯 | 선 | ∨ | 곳 | 은 | ∨ | 처 | 음 | 이 | 다 | . |

❼ | 꽃 | 의 | ∨ | 이 | 름 | 을 | ∨ | 잊 | 어 | 버 | 렸 | 다 | . |

❽ | 몇 | ∨ | 날 | ∨ | 며 | 칠 | 을 | ∨ | 찾 | 았 | 다 | . |

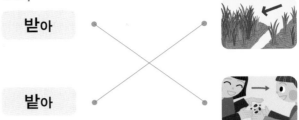

1주 5일 'ㄷ' 소리가 나지만 'ㅌ' 받침으로 써요

하나. 소리와 글자 구별하기

62쪽

받아

밭아

둘. 바르게 읽고 쓰는 법 알기

64쪽

[닫은] (다든)   (미틀) [미들]

65쪽

쏟 은
쏟 다

겉 을
겉

셋. 바르게 읽고 쓰기

66쪽

❶ | 묻 | 어 | 서 |

❷ | 돋 | 아 | 서 |

❸ | 쏟 | 아 | 서 |

❹ | 바 | 깥 | 에 | 서 |

❺ | 밭 | 에 |

❻ | 팥 | 으 | 로 |

67쪽

❶ 책을 | 걷 | 어 | 요 | .

❷ | 굳 | 은 | 결심을 했어.

❸ | 얕 | 은 | 물에서

❹ | 곁 | 에 | 머물러요.

❺ 음악 | 듣 | 기 |

❻ 자세가 | 곧 | 다 | .

❼ | 밑 | 줄 | 그어요.

❽ 꽉 | 붙 | 잡 | 고 | 기다려.

넷. 알맞은 낱말 고르고 바르게 쓰기

68쪽

❶ 짓어지다 (짙어지다)   ❷ (받다) 밭다   ❸ (닫다) 닽다

❹ 뱉다 (뱉다)   ❺ 흗다 (흩다)   ❻ 바깓 (바깥)

69쪽

❶ 텃밭 | 텃밭 에서 상추가 쑥쑥 자라요.
❷ 내 말 좀 믿어 | 믿어 줘.
❸ 그 연필은 낟개 | 낱개 로 포장되어 있어.
❹ 중요한 부분에 믿줄 | 밑줄 그으며 공부해.
❺ 두 손으로 공손하게 받아요 | 받아요 .
❻ 너무 추워서 소름이 돋아요 | 돋아요 .
❼ 강아지가 풀 냄새를 맏아요 | 맡아요 .
❽ 딱 붙어서 | 붙어서 안 떨어져.

다섯. 낱말과 어구 받아쓰기

70쪽

❶ 믿음	❾ 얕은 ∨ 물
❷ 바깥	❿ 얻어먹다
❸ 뜯다	⑪ 주고받다
❹ 보리밭	⑫ 곧게 ∨ 뻗어
❺ 가마솥	⑬ 흩어지다
❻ 단팥빵	⑭ 옅은 ∨ 미소
❼ 똑같다	⑮ 굳은 ∨ 믿음
❽ 굳세다	⑯ 겉으로 ∨ 보면

여섯. 문장 받아쓰기

71쪽

❶ 설탕을 ∨ 쏟아부어요 .
❷ 얕잡아 ∨ 보지 ∨ 마 .
❸ 누나가 ∨ 밑에서 ∨ 기다려 .
❹ 형한테 ∨ 신발을 ∨ 물려받다 .
❺ 듣고 ∨ 보니 ∨ 기분 ∨ 나빠 .

❻ 시험지를 ∨ 걷어 ∨ 와요 .
❼ 입에 ∨ 묻은 ∨ 것을 ∨ 닦아요 .
❽ 낱개로 ∨ 하나씩 ∨ 뜯자 .

1주 차　실전 받아쓰기

72~73쪽

● 낱말과 어구

❶ 낚다	❾ 새콤한 ∨ 맛
❷ 덮밥	❿ 화려한 ∨ 불빛
❸ 되갚다	⑪ 이웃집 ∨ 꼬마
❹ 볶음밥	⑫ 똑같은 ∨ 얼굴
❺ 옥수수밭	⑬ 굳게 ∨ 믿고서
❻ 무릎	⑭ 주고받다
❼ 들녘에서	⑮ 사과 ∨ 씨앗
❽ 안팎으로	⑯ 매운맛

● 문장

❶ 떡볶이가 ∨ 먹고 ∨ 싶어요 .
❷ 해 ∨ 질 ∨ 녘 ∨ 숲속이 ∨ 멋져 .
❸ 늪지대 ∨ 밖으로 ∨ 나가자 .
❹ 풀잎을 ∨ 꺾으면 ∨ 안 ∨ 돼요 .
❺ 낱개로 ∨ 포장되어 ∨ 있어 .
❻ 늦은 ∨ 시간에 ∨ 찾아왔다 .
❼ 옆으로 ∨ 손을 ∨ 뻗다 .
❽ 깨끗하게 ∨ 닦아 ∨ 줘 .

조금 더 공부해요   밭, 바깥

*ㄷ, ㅌ으로 끝나는 말 뒤에 조사 '이'를 붙여서 읽어 보아요.

하나. 소리와 글자 구별하기

76쪽

가치 ●————————●

같이 ●————————●

둘. 바르게 읽고 쓰는 법 알기

78쪽

[솓이] (소치)   [마디] (마지)

79쪽

| 밭 | 이 |

| 턱 | 받 | 이 |

셋. 바르게 읽고 쓰기

80쪽

❶ | 붙 | 이 | 다 |

❷ | 쇠 | 붙 | 이 |

❸ | 똑 | 같 | 이 |

❹ | 미 | 닫 | 이 |

❺ | 등 | 받 | 이 |

❻ | 턱 | 받 | 이 |

81쪽

❶ 언제나 | 한 | 결 | 같 | 이 |

❷ | 쏜 | 살 | 같 | 이 | 달려가다.

❸ | 샅 | 샅 | 이 | 뒤지다.

❹ | 낱 | 낱 | 이 | 보다.

❺ | 굳 | 이 | 같이 가쟤.

❻ | 여 | 닫 | 이 | 문이야.

❼ | 가 | 을 | 걷 | 이 | 한 곡식

❽ 나는 우리 집 | 맏 | 이 | 야.

넷. 알맞은 낱말 고르고 바르게 쓰기

82쪽

❶ (해돋이) | 해돚이   ❷ (등받이) | 등밭이   ❸ 붇이다 (붙이다)

❹ 똑같이 (똑같이)   ❺ 쇠붇이 (쇠붙이)   ❻ (미닫이) | 미닫이

83쪽

❶ (맏이) | 마지 구나. 막내는 어디 있니?

❷ 아궁이에 (솥이) | 소치 걸려 있어요.

❸ 이제 정말 끄치다 | (끝이다).

❹ 가방을 샅사치 | (샅샅이) 뒤지다.

❺ 매워서 코 (밑이) | 미치 아려 와!

❻ 언제나 한결가치 | (한결같이) 함께할게!

❼ (낱낱이) | 낱낱치 알아내자.

❽ 열매의 속과 (겉이) | 거치 다르네.

다섯. 낱말과 어구 받아쓰기

84쪽

❶ | 의 | 자 | ∨ | 등 | 받 | 이 |

❷ | 풀 | 로 | ∨ | 붙 | 이 | 고 |

❸ | 똑 | 같 | 이 |

❹ | 피 | 붙 | 이 |

❺ | 낱 | 낱 | 이 |

❻ | 가 | 을 | 걷 | 이 |

❼ | 곧 | 이 | 곧 | 대 | 로 |

❽ | 감 | 쪽 | 같 | 이 |

여섯. 문장 받아쓰기

85쪽

❶ | 악 | 착 | 같 | 이 | ∨ | 쫓 | 아 | 가 | 자 | . |

❷ | 속 | 과 | ∨ | 겉 | 이 | ∨ | 다 | 르 | 다 | . |

❸ | 내 | 일 | 은 | ∨ | 새 | 벽 | 같 | 이 | ∨ | 나 | 가 | 자 | . |

❹ | 덧 | 붙 | 여 | 서 | ∨ | 설 | 명 | 해 | ∨ | 줘 | . |

❺	식	량	도	∨	이	제	∨	끝	이	다	.

❻	맏	이	가	∨	앞	장	서	서	∨	나	서	다	.

❼	우	리	∨	같	이	∨	해	돋	이	∨	보	자	.

❽	굳	이	∨	그	렇	게	∨	해	야	∨	해	?

2주 2일 'ㄴ' 소리가 덧나요

하나. 소리와 글자 구별하기

86쪽

두세 입

한입

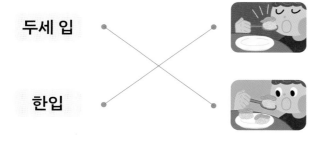

둘. 바르게 읽고 쓰는 법 알기

88쪽

[담요] | (담뇨)   [콩열] | (콩녈)

89쪽

한	여	름

태	평	양

> 받침 글자 뒤에 모음 '이, 야, 여, 요, 유'가
> 오면 ㄴ[느] 소리가 덧나요.

셋. 바르게 읽고 쓰기

90쪽

❶	담	요

❷	눈	약

❸	학	생	용

❹	논	일

❺	밤	엿

❻	색	연	필

91쪽

❶	둥	근	∨	연	필

❷	안	∨	열	리	다	.

❸	무	더	운	∨	여	름

❹	착	한	∨	일	하 기

❺	큰	∨	역	앞에

❻	힘	든	∨	여	행

❼	달	콤	한	∨	엿

❽	푸	른	∨	잎	을	따.

넷. 알맞은 낱말 고르고 바르게 쓰기

92쪽

❶ (식용유) 식용뉴   ❷ (솜이불) 솜니불   ❸ (단풍잎) 단풍닙

❹ (태평양) 태평냥   ❺ 배낭녀행 (배낭여행)   ❻ (꼰잎) 꽃잎

> 조금 더 공부해요   밭일, 가랑잎

93쪽

❶ (집안일) 집안닐 은 힘들어요.

❷ (학생용) 학생뇽 승차권 한 장 주세요.

❸ 맨닙 (맨입) 으로 부탁하면 안 되지.

❹ 늦녀름 (늦여름) 에 장마가 시작됐어.

❺ 저기 오는 (여자) 녀자 가 내 동생이야.

❻ (감잎) 감닢 으로 차를 만들어요.

❼ 엄마의 마흔녀섯 (마흔여섯) 번째 생신

❽ (쉬운 일) 쉬운 닐 은 아니에요.

다섯. 낱말과 어구 받아쓰기

94쪽

❶	어	떤	∨	일

❷	귀	여	운	∨	여	우

❸	무	서	운	∨	이	야	기

❹	직	행	열	차

❺	어	려	운	∨	역	사

❻	두	툼	한	∨	솜	이	불

❼	뛰	는	∨	연	습

❽	후	텁	지	근	한	∨	여	름

여섯. 문장 받아쓰기

95쪽

❶ 무 슨 ∨ 일 이 야 ?

❷ 식 용 유 를 ∨ 둘 러 요 .

❸ 강 낭 콩 ∨ 떡 잎 이 ∨ 생 겼 다 .

❹ 콩 엿 ∨ 말 고 ∨ 밤 엿 ∨ 주 세 요 .

❺ 솜 이 불 을 ∨ 덮 어 ∨ 주 다 .

❻ 한 여 름 에 ∨ 논 밭 일 을 ∨ 하 다 .

❼ 호 박 잎 을 ∨ 한 입 에 ∨ 넣 다 .

❽ 집 안 일 ∨ 시 켜 ∨ 주 세 요 .

2주 3일 | 'ㄹ' 소리가 덧나요

하나. 소리와 글자 구별하기

96쪽

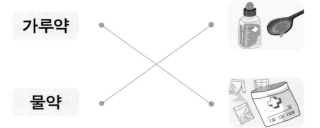

가루약

물약

둘. 바르게 읽고 쓰는 법 알기

98쪽

[물략] | [물냑]   [길렵] | [길녑]

99쪽

물 이 끼   물 ∨ 옆

> 받침 글자 뒤에 모음 '이, 야, 여, 요, 유'가 오면
> ㄴ[느] 소리가 덧나요. 덧난 ㄴ[느] 소리가
> 받침 ㄹ을 만나면 ㄹ[르] 소리가 나요.

셋. 바르게 읽고 쓰기

100쪽

❶ 지 하 철 역   ❹ 들 일

❷ 휘 발 유   ❺ 전 철 역

❸ 물 약   ❻ 스 물 여 섯

101쪽

❶ 내 릴 ∨ 역 이 야 .   ❺ 내 가 할 ∨ 일

❷ 볼 일 이 있 어 .   ❻ 바 뀔 ∨ 유 행

❸ 깜짝 놀 랄 ∨ 일   ❼ 솔 잎 깔 기

❹ 덜 ∨ 익 은 과일   ❽ 돌 ∨ 옆 이 끼

넷. 알맞은 낱말 고르고 바르게 쓰기

102쪽

❶ 물약 | 물략   ❷ 길렵 | 길옆   ❸ 솔맆 | 솔잎

❹ 휘발류 | 휘발유   ❺ 전철역 | 전철력   ❻ 돌링어 | 돌잉어

> 조금 더 공부해요   서울역, 들일

103쪽

❶ 설익은 | 설릭은 열매는 먹으면 안 돼!

❷ 별일 | 별릴 아니니까 걱정 마요.

❸ 볼릴 | 볼일 이 생겨서 먼저 가 볼게요.

❹ 펼쳐질 일 | 펼쳐질 릴 이 기대돼!

❺ 산에 가면 솔리끼 | 솔이끼 를 볼 수 있어.

❻ 우리 형은 열여섯 | 열려섯 살이에요.

❼ 우리가 지킬 역사 | 지킬 력사

❽ 지하철역 | 지하철력 까지 달려가요.

다섯. 낱말과 어구 받아쓰기

104쪽

① 덜 ∨ 익 은
② 화 낼 ∨ 일
③ 그 럴 ∨ 이 유
④ 지 하 철 역 에 서
⑤ 펼 쳐 질 ∨ 이 야 기
⑥ 달 콤 한 ∨ 꿀 엿
⑦ 내 일 ∨ 할 ∨ 일
⑧ 미 끄 러 운 ∨ 돌 이 끼

여섯. 문장 받아쓰기

105쪽

① 별 일 ∨ 아 니 네 .
② 무 시 하 면 ∨ 될 ∨ 일 이 야 .
③ 풀 잎 으 로 ∨ 피 리 를 ∨ 만 들 자 .
④ 알 약 을 ∨ 갈 아 서 ∨ 만 들 어 요 .
⑤ 서 울 역 에 ∨ 볼 일 이 ∨ 생 겼 다 .
⑥ 올 여 름 에 ∨ 돌 잉 어 ∨ 잡 자 !
⑦ 일 일 이 ∨ 말 하 기 ∨ 어 렵 다 .
⑧ 물 이 끼 가 ∨ 가 득 ∨ 꼈 다 .

2주 4일 **'ㅅ' 받침을 써요 1**

하나. 소리와 글자 구별하기

106쪽

내가   •————————•

냇가   •————————•

둘. 바르게 읽고 쓰는 법 알기

108쪽

[새낄] [새길]　　　[코등] (코뜽)

109쪽

촛 불　　　　　햇 살

셋. 바르게 읽고 쓰기

110쪽

① 횟 수 　　④ 젓 가 락
② 콧 대 　　⑤ 바 닷 가
③ 맷 돌 　　⑥ 고 깃 국

111쪽

① 숫 자 를 세자!　　⑤ 쳇 바 퀴 굴리는 다람쥐
② 샛 길 로 걸어가면　　⑥ 나 뭇 가 지 에 돋은 새싹
③ 깨문 잇 자 국 　　⑦ 흥겨운 노 랫 가 락
④ 혓 바 닥 이 아파요.　　⑧ 매콤한 고 춧 가 루

넷. 알맞은 낱말 고르고 바르게 쓰기

112쪽

① (찻잔) 찰잔　② (칫솔) 치솔　③ 촛뿔 (촛불)
④ (숫자) 숟자　⑤ 등교길 (등굣길)　⑥ (기찻길) 기차길

조금 더 공부해요　　　햇빛, 만둣국

113쪽

① (샛길) 새길 로 가자.
② 등대가 배길 (뱃길) 을 안내해요.
③ (횃불) 화불 을 들고 나타난 산적
④ (윗집) 위집 과 사이가 좋아요.
⑤ 코등 (콧등) 이 빨갛다.
⑥ 조용하게 (귓속말) 귀속말 로 말해 줘.
⑦ 오두막에서 (하룻밤) 하루밤 을 보내다.
⑧ 저 집은 부자집 (부잣집) 이야.

다섯. 낱말과 어구 받아쓰기

114쪽

❶ 횟 수
❷ 잿 더 미
❸ 혓 바 늘
❹ 잇 자 국
❺ 쳇 바 퀴
❻ 외 갓 집 ∨ 아 랫 방
❼ 햇 볕
❽ 젓 가 락 과 ∨ 숟 가 락

여섯. 문장 받아쓰기

115쪽

❶ 외 갓 집 에 ∨ 김 칫 독 이 ∨ 있 다 .
❷ 뱃 사 공 이 ∨ 나 룻 배 를 ∨ 탄 다 .
❸ 고 깃 국 이 ∨ 맛 있 다 .
❹ 머 릿 속 으 로 ∨ 생 각 해 요 .
❺ 건 넛 집 에 ∨ 심 부 름 을 ∨ 가 요 .
❻ 바 닷 가 로 ∨ 여 행 을 ∨ 떠 나 자 .
❼ 빗 방 울 이 ∨ 조 금 씩 ∨ 떨 어 져 .
❽ 어 젯 밤 에 ∨ 푹 ∨ 잤 다 .

2주 5일 'ㅅ' 받침을 써요 2

하나. 소리와 글자 구별하기

116쪽

빗물 통
빈 물통

둘. 바르게 읽고 쓰는 법 알기

118쪽

[콘날] | [코날]   [인몸] | [이몸]

119쪽

뒷 면

셋. 바르게 읽고 쓰기

120쪽

❶ 팻 말   ❹ 혼 잣 말
❷ 훗 날   ❺ 아 랫 마 을
❸ 윗 니   ❻ 나 뭇 잎

121쪽

❶ 뒷 문 을 닫아요.   ❺ 수 돗 물 을 꽉 잠그다.
❷ 날렵한 콧 날   ❻ 콧 노 래 를 부르다.
❸ 냇 물 이 졸졸졸   ❼ 뱃 머 리 를 돌려라!
❹ 존 댓 말 을 사용하자!   ❽ 바 닷 물 이 짜다.

넷. 알맞은 낱말 고르고 바르게 쓰기

122쪽

❶ 빗물 | 비물   ❷ 낸물 | 냇물   ❸ 왼문 | 윗문
❹ 베갯잇 | 베개닛   ❺ 혼자말 | 혼잣말   ❻ 고춧잎 | 고추잎

조금 더 공부해요   헛일, 찻물

❶ 먼 (훗날) 후날 에 기억해 줘.

❷ 도화지 (뒷면) 뒤면 에 다시 그려요.

❸ 계곡 윈물 (윗물) 이 깨끗해요.

❹ (옛날) 옌날 옛적 호랑이 살던 시절

❺ 맛있는 (깻잎쌈) 깻닢쌈 을 싸요.

❻ (아랫입술) 아랜입술 을 깨물며

❼ 위입술 (윗입술) 이 빨개요.

❽ (허드렛일) 허드레일 을 도와요.

다섯. 낱말과 어구 받아쓰기

❶ 허 드 렛 일

❷ 아 랫 입 술

❸ 양 칫 물

❹ 콧 노 래

❺ 푯 말

❻ 윗 니 와 ∨ 아 랫 니

❼ 잇 몸

❽ 깻 잎

여섯. 문장 받아쓰기

❶ 옛 날 이 야 기 ∨ 해 ∨ 주 세 요 .

❷ 콧 날 이 ∨ 참 ∨ 오 뚝 하 구 나 .

❸ 어 른 께 ∨ 존 댓 말 을 ∨ 써 야 지 .

❹ 바 닷 물 로 ∨ 소 금 을 ∨ 만 든 대 .

❺ 혼 잣 말 을 ∨ 중 얼 거 려 요 .

❻ 수 돗 물 로 ∨ 깨 끗 이 ∨ 씻 어 요 .

❼ 숫 염 소 가 ∨ 뛰 어 놀 아 요 .

❽ 뒷 모 습 을 ∨ 바 라 보 고 ∨ 있 다 .

2주 차 실전 받아쓰기

● 낱말과 어구

❶ 숫 자

❷ 칫 솔

❸ 식 용 유

❹ 전 철 역

❺ 해 돋 이

❻ 고 춧 가 루

❼ 설 익 어 서

❽ 악 착 같 이

❾ 옛 날 이 야 기

❿ 스 물 여 섯

⑪ 오 뚝 한 ∨ 콧 날

⑫ 쇠 젓 가 락

⑬ 의 자 ∨ 등 받 이

⑭ 배 춧 잎 ∨ 쌈

⑮ 숫 염 소

⑯ 내 일 ∨ 할 ∨ 일

● 문장

❶ 윗 입 술 이 ∨ 빨 개 요 .

❷ 혼 잣 말 로 ∨ 중 얼 거 려 요 .

❸ 같 이 ∨ 횃 불 을 ∨ 들 자 .

❹ 꽃 잎 을 ∨ 편 지 에 ∨ 붙 여 요 .

❺ 고 갯 마 루 를 ∨ 넘 어 가 자 .

❻ 엿 장 수 가 ∨ 콩 엿 을 ∨ 판 다 .

❼ 찻 잔 에 ∨ 감 잎 차 를 ∨ 따 라 요 .

❽ 길 옆 에 ∨ 단 풍 잎 이 ∨ 노 랗 다 .

메모

아하 한글 받아쓰기 ❸ 소리의 변화가 복잡한 말

초판 1쇄 발행
2021년 9월 3일

지은이 최영환 이병은 김나래
그림 황나경
펴낸이 강일우
편집 황수정
디자인 햇빛스튜디오

펴낸곳 (주)창비교육
등록 2014년 6월 20일
       제2014-000183호
제조국 대한민국
주소 04004 서울특별시
      마포구 월드컵로12길 7
전화 1833-7247
팩스 영업 070-4838-4938
      편집 02-6949-0953

🌐 www.changbiedu.com
✉ textbook@changbi.com

© 최영환 이병은 김나래 2021

ISBN 979-11-6570-089-8
64710
ISBN 979-11-6570-086-7
(세트)